湖南省普通高等学校教学改革研究项目（湘教通〔2017〕452号）

"地方高校新闻传播学专业全媒体人才培养模式的研究与实践"成果

【学者文库】

新闻报道策划实务研究

邓 庄◎编著

中国书籍出版社
China Book Press

图书在版编目（CIP）数据

新闻报道策划实务研究/邓庄编著．－－北京：中
国书籍出版社，2021.8

ISBN 978－7－5068－7667－4

Ⅰ.①新⋯　Ⅱ.①邓⋯　Ⅲ.①新闻报道—策划—研究
Ⅳ.①G212

中国版本图书馆 CIP 数据核字（2020）第 002555 号

新闻报道策划实务研究

邓　庄　编著

责任编辑	周　鑫　王　淼	
责任印制	孙马飞　马　芝	
封面设计	中联华文	
出版发行	中国书籍出版社	
地　　址	北京市丰台区三路居路 97 号（邮编：100073）	
电　　话	（010）52257143（总编室）　　（010）52257140（发行部）	
电子邮箱	eo@ chinabp. com. cn	
经　　销	全国新华书店	
印　　刷	三河市华东印刷有限公司	
开　　本	710 毫米×1000 毫米　1/16	
字　　数	206 千字	
印　　张	12.5	
版　　次	2021 年 8 月第 1 版	
印　　次	2021 年 8 月第 1 次印刷	
书　　号	ISBN 978－7－5068－7667－4	
定　　价	95.00 元	

目　录
CONTENTS

第一章

新闻报道策划概述

一、对"新闻策划"的争论

新闻报道的策划，也有人称作新闻策划、报道策划、报纸策划、编辑策划、新闻编辑策划、组织策划、稿件策划、新闻报道的策划与组织。

策是指计谋、谋略，划指设计、筹划、谋划。新闻能否策划？判断策划好坏的标准是什么？对于这一问题，学界和业界都有过很多争论。

对"新闻策划"提反对意见的不少，他们认为新闻根本就不能策划。

其一，"策划新闻"同"造假新闻"是同义语。事实在先，新闻在后，这是铁的法则，先后顺序不能颠倒。新闻策划是在新闻事件发生之前，由记者参与规划设计促成事件发生并予以报道的一种行为，这是一种先有记者行为，后有事实报道的模式，是与新闻传播观念背道而驰的。倘若事件没有发生或尚未发生，你就主观臆断地编造出一条新闻，这就是地地道道的假新闻。

其二，新闻记者的本职工作应该是发现线索、采集新闻、组织报道等。记者的职业道德和社会使命要求他须以严格的自律，树立良好的社会形象。如果一味地参加策划活动，难免为名利所左右，那么他在本职工作中应体现的客观性、公正性就难以保证。所以他们认为，新闻报道根本就不能策划，凡是策划出来的报道不能称为新闻；广告是可以策划的，唯独新闻不允许策划。①

对"新闻策划"持赞同意见的也不少。赞同新闻策划者认为，新闻策划不是"制造新闻"或"信息策划"，新闻策划也不是"大造舆论"或"宣传攻势"。新闻策划应具有多层面的含义。

关于某一重要事件或新闻热点组织专题报道或系列报道是新闻策划；确立某一时期的报道主题、报道思路是新闻策划；组织各种形式的探讨和评论是新闻策划；设计媒体以何种特色来吸引受众的"形象包装"也是一种策划。甚至有时新闻媒介自身或与其他企事业单位联手组织的一系列活动也可以列入新闻策划的范畴。②

经过匠心独运的新闻策划，新闻的报道质量明显提高，新闻竞争力大大增强。当今的新闻竞争实质上是新闻策划力的较量。新闻策划的产生、发展为新闻业注入了生机和活力。同时，也向传统的重采轻编的观念、做法和机制发起了挑战。因此，新闻策划就很有必要。

那么这里实际上包括了两种类型不同的策划：一是对新闻报道工作的策划，二是对新闻事件的策划。我们可以看出"新闻策划"是一个含混的概念。

新闻事件发生后，新闻工作者对如何报道事件进行策划，以期更全面、更生动、更深入地反映客观事实，这种对组织报道的策划，只要符合新闻报道的一般规律，人们是不会有多大意见的，这类策划还包括编辑部对版面、栏目、专题、采访的设计、谋划，都是属于对新闻报道的

---

① 赵振宇. 新闻报道策划 [M]. 武汉：武汉大学出版社，2015：3.
② 赵振宇. 新闻报道策划 [M]. 武汉：武汉大学出版社，2015：4.

策划。

另一类策划是把新闻事件作为策划的对象和内容，即新闻工作者参与正在发生或还没发生的事件之中，以自己的主观努力促其圆满和完善，之后再予以报道。现在出现问题和产生争议的是这种方式，即对事件的策划。

那么这种对事件的策划是可行的吗？

【经典案例1-1】

"超级粉丝"杨××的报道

杨××，甘肃省兰州市女子，从16岁开始痴迷于香港歌手刘德华，此后辍学开始疯狂追星。杨××的父母劝阻无效后，卖房甚至卖肾以筹资供她多次赴港及赴京见刘德华。2007年3月22日，杨××赴香港参加刘德华歌友会，实现生平夙愿，跟偶像合照。不过，其父最后由于杨××的"追星"行为而在香港跳海身亡。2009年8月，杨××接受采访时对刘德华结婚新闻反应漠然。

杨××事件的最初曝光是在2005年4月。当时，西部商报的记者王喜阳了解到一位67岁的老人到医院卖肾。采访中他意外得知，老人的女儿已经疯狂"追"刘德华长达13年。王喜阳的报道《不见刘德华，今生不见人》刊发后，杨父表示希望能借助媒体强大的舆论来达到女儿见刘德华的目的。结果刘德华通过媒体公开批评杨××"不正确、不正常、不健康、不孝"。刘德华的回应，让杨××一家矛盾升级。杨父在后来的遗书中写道，"母女责怪我当初不该找媒体"。

但仅北京某电视节目制作公司，从2006年3月开始就三次来兰州，鼓动杨家去见刘德华。某电视台记者曾承诺"我们台有实力，能联系到刘德华，见是肯定的"。正是在各类媒体的资助和策划下，杨家三口曾远赴北京，还到香港多次。结果杨父在 2007 年 3 月 25 日杨家再度赴香港且女儿见到刘德华并合影后的第二天凌晨跳海自杀。

香港中文大学新闻与传播学院副教授冯应谦在接受采访时公开表示：杨××事件，传媒要负上一定责任。传媒直接介入事件，甚至利用金钱的协助，延续其追星的愿望，令事件可以继续发展，此举涉及"造新闻"，有违新闻道德，属不可接受。

【评析】

追星虽是一种大众流行文化，但这种卖房甚至卖肾来追星的行为，违背伦理道德，是一种应该谴责的错误行为。媒体以金钱和关系等来支持杨××追星，违背正常的伦理道德，目的是换取点击率、收视率、阅读率等所谓的影响力以及广告效益，明显与媒介职业道德不相符。

【经典案例 1-2】

茶水"发炎"报道

2007 年 3 月，有媒体记者乔装成患者，将事先准备好的茶水送到杭州 10 家医院检测，结果有 6 家医院检测出茶水有炎症。消息一出，舆论哗然，该事件随之以"茶水发炎，医德沦丧"为关键词而引发社会强烈关注。

后来，全国 92 家三甲医院医务人员以实验证明：茶水当成尿验，九成化验单呈假阳性。在"茶水验尿"事件中，还有一个值得关注的现象：记者故意向医生提供了虚假病史，谎称自己"尿痛"。医生根据记者的"病史"，并结合尿常规白细胞增高的检验结果，做出尿路感染的诊断，这是无可辩驳的。

2012 年 7 月 29 日有媒体报道，记者在石家庄男科医院博大医院化验时，用绿茶替代了尿液，随后医生称尿液检测出了炎症、霉菌和杂菌，记者被诊断出重度肾虚、前列腺炎、附睾炎。相关疗程费用为一天 546.4 元。

【评析】

该事件是在媒介策划下发生、发展的，那么这一策划合理吗？为什么策划者不用正常人、健康人的尿液去做检测来判断医院的诊疗行为？媒介的参与和干预符合新闻报道规律和事物发展规律吗？

医学专家指出，尿液分析仪器和试剂是针对尿液设计的，不具备辨别茶水等其他液体的功能。而茶水中含有大量的未知干扰物质，如果"以茶代尿"，很容易产生假阳性反应。因此，个别媒体记者的这种做法，既缺乏有关医学常识，也缺乏严谨的科学态度。为什么记者不用正常人、健康人的尿液去做检测以判断医院的诊疗行为？如果用正常人、健康人的尿液去做检测，可能就不会有问题了。这里就要说到记者的立场态度，其完全是采用"有罪推论"的原则。其先认定医院一定会有问题，用茶水来检测更有戏剧性、轰动性、反常性，更能吸引眼球。为追求"眼球"效应，记者走入了"新闻娱乐化"的误区。如果热衷于主动"策划"各种新闻，只求"轰动"，不顾后果，甚至违背科学常识和客观实际，可能会出现大问题。另外，记者故意向医生提供了虚假病史，谎称自己"尿痛"，也是不正确的做法。与司法界"无罪推定"原则相反，医生看病遵循的是"有病推定"原则。判案不能冤枉一个好人，看病却不能漏掉一个病人。对于任何一名就诊者，医生应当首先将其看作"有病的人"。患者的主诉是医生进行临床诊断和治疗的主要依据之一。作为一名医生，没有任何理由怀疑患者"恶作剧"，而应相信患者所陈述的痛苦是切实存在的。媒体记者假扮患者、伪造病史的

"游戏"，不仅违背了新闻职业道德，也干扰了医学诊断和治疗的严肃性。

【经典案例1-3】

"羊城新八景"评选

2010年11月16日，羊城晚报报业集团旗下的《新快报》发起"羊城新八景"海选活动。从2010年11月至2011年5月，《羊城晚报》《新快报》各投入版面300多个，推出12位区（市）委常委、宣传部部长系列专访，进行12区（市）"八景"推荐，组织22场"城市公众论坛"及15场大学生辩论赛，专访100多位国内文化名流。活动辐射整个广东，同时吸引了全国各地群众甚至是海外侨胞热情参与。公众投票超过860万张，海外130多家华文报纸报道，28个国家的华侨参与评选。国内上百家媒体做了报道，创下自宋代以来"羊城八景"评选规模之最。这场票选广州最美景点的狂欢席卷了整座城市，成为一件有着重大影响的城市文化事件，大幅提升了羊城晚报品牌的公信力、影响力。①

【评析】

"羊城新八景"活动策划超前，定位准确，取得了非常好的传播效果。其一，时机好，主题好。选择时机时，要善于捕捉热点。广州亚运会即将举办，从政府到市民都非常关注广州的城市形象，各大媒体都在寻找突破口，有的已经在策划相似的评选活动，"羊城八景"的字眼在媒体上频繁出现，各报也有相关报道。在此基础上提炼"羊城新八景"

---

① 周建平. 媒体如何运作"城市文化事件"——解读"羊城新八景"的策划与运营 [J]. 中国报业，2013（1）下.

的口号，有群众基础，易于传播。尤其从政府角度来说，"羊城新八景"的评选，与广州市委、市政府建设幸福广州的决策相吻合，与时代同步，与"十二五""加快转型升级、建设幸福广东"的目标相呼应。其二，创意新，影响大。广泛发动，通过政府支持、社区发动、校园参与，联动海外华文媒体造势，通过各种方式调动各方积极参与，产生了强大的影响力。

三个案例都是对事件的策划。在杨××追星事件中，媒介明知此事违背伦理道德仍然策划推动此事，即使取得一定的市场效应，也是不值得提倡的。茶水发炎事件中，媒介的主观意愿是好的，监督社会环境，揭露医疗界问题，给群众提供更好的医疗服务，但是策划方式方法违背事物客观规律，哗众取宠，博取眼球；动机好，但方式方法值得商榷。"羊城新八景"评选的策划，主观目的是好的，具体的策划合情合理，严谨科学，富有创意，所以这一策划是可取的，值得肯定。

这里引用两位学者的观点。

华中科技大学教授赵振宇："新闻工作者在做好新闻报道的同时，在有可能的条件下参与到新闻事件与社会活动之中，遵循事物发展的基本规律，促其完善和圆满，在此基础上进行报道，不仅是可行的，有时还是必需的，此举不仅在当代的中国新闻界，而且在国外很早以前就有这样的记录。"[①]

南京大学教授丁柏铨："在多数情况下，新闻事实是媒介之外的一种存在，遵循自身的规律发展，这时对新闻事实进行干预是不恰当的；但在一定条件下应当允许媒体为新闻事实的发生创造条件。历史上和现

---

① 赵振宇. 新闻报道策划 [M]. 武汉：武汉大学出版社，2008（1）：8.

实中，也确实有一些新闻事实是经过新闻媒介的策划而最终成为事实的，它并没有违背新闻规律，这种策划是可取的。"①

现代公关善于通过媒介事件策划来整合各种传播手段，利用新闻媒介这一"舆论机关"来制造舆论、影响舆论，让公众自发地、心甘情愿地关注、参与、认知、肯定企业品牌或组织形象，整个运作过程相当透明、阳光、公正，由此，媒介事件成为一种受到社会普遍认同的专门职业。② 而信息传播的去中心化、去中介化，自然给媒介事件策划带来极大便利。某些社会组织、政府机构、媒介单位乃至公众人物出于某种宣传需要，人为安排或导演某种事件在特定的时间、地点发生，引起媒介的关注与报道，从而形成一个媒介事件。

媒介事件具有以下特点：其一，它不是自然发生的，而是人为设计和策划的；其二，策划这种事件的直接原因就是要制造和报道它；其三，策划的事件比自然发生的事件更具有戏剧性、话题性，更容易引人注目；其四，由于事先做好了报道计划，传播起来更方便和生动。③

【经典案例1-4】

"大堡礁护岛员招聘"活动

厌倦了繁忙的都市生活？去澳大利亚做一个守岛人吧！2009年，昆士兰旅游局发布招聘通告，面向全球18个国家和地区高薪聘请一名大堡礁汉密尔顿岛看护员。当选者不但可以每日与白沙、碧水、艳阳为伴，还能享受半年15万澳元（约合10.4万美元）的高薪。

① 丁柏铨. 新闻知识500问 [M]. 长沙：湖南大学出版社，2000：27.
② 董天策. "媒介事件"的概念建构及其流变 [J]. 新闻与传播研究，2017（10）.
③ 董天策. "媒介事件"的概念建构及其流变 [J]. 新闻与传播研究，2017（10）.

工作的主要内容是探索大堡礁各个岛屿，每周通过更新博客和网上相册、上传视频、接受媒体采访等方式，向外界报告自己的探奇历程。看护员还需要喂海龟、观鲸鱼，并担任兼职邮差，这可以让他或她有机会乘坐水上飞机从高空俯瞰大堡礁美景。另外，还有帆船航行、乘独木舟、浮潜、潜水、远足等多项活动等着看护员完成。

申请者须在 2 月 22 日前在招聘网站上传一段最多 60 秒的视频，说明自己如何能胜任这一职位。旅游局从中选取 11 名候选人，前往汉密尔顿岛实地考察，最终人选于 5 月 6 日公布。

这一活动不仅吸引了世界各地众多人士的参与，而且吸引了世界各国媒体的聚焦，从而成为一个轰动全球的媒介事件。

【评析】

该策划的成功原因之一在于物质激励与精神动力的双重驱使，诱发公众的广泛参与和媒体的高度关注。招聘创意已酝酿三年，却在金融风暴席卷全球之际推出，更凸显其新颖独到的创意价值。金融危机导致企业利润缩水，裁员、减薪成为不少企业的经营之道，失业人士更是急切渴望一份新工作。在此背景下，大堡礁高薪招聘护岛员，时薪高达 1400 美元，人们有什么理由放弃如此丰厚的薪酬呢？同时，大堡礁护岛员的工作具有成本很低而薪酬高的特点，护岛员只负责喂鱼、收发信件、记载探奇历程的工作，就可以获得半年 15 万澳元的薪酬，且拥有"蓝色珍珠"小屋、高尔夫球小车，享受私人游泳池、景观水疗池，这怎能不让人跃跃欲试呢？

该策划的成功之二在于网络与传统媒体之间的议程互动，海选式招聘中的受众参与和媒体的议程互动，使大堡礁媒介事件产生传播效果的乘积效应。大堡礁招聘一开始就充分利用网络媒体进行声势浩大的传播。活动初期，昆士兰旅游局通过网络实现信息全球扩散。招聘网站建立7个版本，有针对性地开展信息传播。旅游局又在网络互动上大展身手，设计网络投票"外卡选手"环节，促使公众从"观看式参与"转变到"行为式参与"。同时，海选还产生了独特的讨论平台，如 BBS、博客，使受众相互讨论、交换意见，使"观看式参与"转化为"讨论式参与"。全球30万人参与招聘活动。从海选到冠军揭晓持续近半年，层层选拔，相互 PK，悬念迭出，引发公众的好奇和猜测，公众不由自主地关心面试内容、选手表现、结果。舆论从小到大，从冷到热，不断升温，最后引来了全世界媒体的广泛报道，大堡礁的旅游品牌一下子变得尽人皆知。大堡礁招聘引起世界各大通讯社，如法新社、路透社、美联社的关注，其中法新社全程报道，占据中外主流报纸和电视新闻的重要位置，美国广播公司、有线电视新闻网、纽约时报、英国卫报、每日邮报等媒体也十分关注。在国内，新华社先后编发了64条报道。中央电视台、北京青年报、羊城晚报、广州日报等众多媒体先后介入报道。最终人选公布前，全球媒体以最大的规模报道本·绍索尔摘下桂冠的消息，中央电视台自费到澳洲拍摄最后的竞争场面。①

成功的媒介事件，一般都会比普通的新闻发布产生更为强劲的宣传效果。为了提高媒介事件的成功率，在策划过程中要注意以下问题。

一是以符合公众利益为出发点。只有当媒介事件本身具有社会意义，与公众利益息息相关，甚至首先体现为一种公众利益，才有新闻价值，才能赢得媒体的报道。二是选择公众的兴趣点。在不能直接体现担当社会责任、服务公众利益的情况下，媒介事件策划就必须考虑公众兴趣。只有公众感兴趣的媒介事件，才能激发公众的参与和媒体的报道热

---

① 董天策. 媒介事件如何取得轰动性传播效应——从"大堡礁招聘"说起 [J]. 国际新闻界，2009（12）.

情。公众的兴趣点，也就是我们常说的社会热门话题。策划媒介事件要与热门话题贴近，才容易引起公众普遍的关注，才能达到良好的宣传效果。三是形式必须新颖。新奇性是新闻事件的最突出特点，只有构思新颖、独特的媒介事件，才能引起记者的注意，在公众中产生强烈效应。要巧妙推动媒介事件的发生与发展。如何做到"巧妙"，正是体现媒介事件策划水平的地方。四是充分利用名人效应，充分调动新闻记者参与的积极性。

因此，对新闻事件的策划不能简单地说行与不行，而要看具体情况。如果记者在对事件的策划中没有人为地去生造、扭曲、夸大或缩小，对事件发生后的报道也符合新闻报道规律，而且由于参与到事件中，记者对报道对象有更深切的感知，做出的报道更生动、更真挚、更深刻，从而更有效地吸引和打动受众。当然，记者由于违背了事物发展和新闻报道的一般规律，在参与活动中不恰当地夸大了人的主观能动性，按参与者的主观意志去改变既成的客观事实，就有可能制造出虚假的新闻报道。因此，新闻事件策划成功与否的关键还在于传播者个人和群体的素质高低，及主观能动性发挥得如何。

我们可以由此得出新闻策划优劣的判断标准：是否推动社会进步，是否促进社会和谐，是否符合伦理道德，以及策划的创意水平高低及实施能力大小。

二、对新闻报道策划的界定

综观十余年来我国新闻界对"新闻策划"这一论题的争论和实践，可知"新闻策划"是个多义词，既可指报道策划，也可指新闻事件的策划，极易引起歧义和误解。

人们为什么会对前一种策划持认同态度呢？因为客观的事实发生在

前，人们的主观报道在后，符合新闻报道的规律；而后一种策划，却是人们的主观策划在前，策划后产生事实，事实产生后再进行报道，这就是在"制造新闻"。对于第一类策划，并无不可；对于第二类策划却要谨慎，对事件的策划不能太多，媒介应该以已经发生的客观事实为主要的策划对象，特别要防止新闻策划与商业策划联姻，因为这类策划混淆了商业活动和新闻活动的界限，新闻媒体不该参与这一类策划，否则会导致有偿新闻的产生，会使部分新闻流于广告化。

所以，新闻策划主要指新闻活动的策划，或者说是新闻报道活动的策划，新闻策划只是一种简明扼要的提法。

蔡雯认为，新闻报道策划是新闻编辑通过新闻资源的开发与配置，实现最佳传播效果的创造性活动。新闻报道策划的主要内容包括：选题策划、报道方案设计、在报道实施过程中接受反馈并修改设计方案。①

吴飞认为，报道策划是指新闻编辑依据新闻传播规律，对社会事件的发展情况做出较准确的前瞻性预测，并对报道重点、报道形式以及报道进程做出思考与设想。②

赵振宇认为，新闻报道策划是新闻传播主体遵循事物发展和新闻报道的基本规律，围绕一定的目标，对已占有的信息进行科学的分析和研究，着眼现实，发掘已知，预测未来，制定和实施相应的政策和策略，以求最佳效果的创造性的策划活动。③

中国人民大学新闻学院蔡雯教授主持了对六省区主要新闻媒介的调查。被调查的 41 家媒体中，34 家有 1 个或多个部门负责选题策划，其中 4 家有专门的新闻策划中心，17 家每周有一次策划，3 家每天都有策

---

① 蔡雯，等. 新闻编辑学 [M]. 中国人民大学出版社，2014：81.
② 吴飞. 新闻编辑学教程 [M]. 高等教育出版社，2015：67.
③ 赵振宇. 新闻报道策划 [M]. 武汉：武汉大学出版社，2015：7.

划，24 家进行周期性的策划，只有一家基本不做策划。10 家媒体经过精心策划和组织的报道，占到报道总量的一半以上，另外 21 家占 20% 以上。

下面是报界资深人士对新闻报道策划的见解：

曾任《人民日报》总编辑的范敬宜提出：总编辑的主要任务，一是把关，二是策划。

曾任《羊城晚报》总编辑的曹淳亮认为，新闻竞争策略的核心可以用"策划"两字来概括，并提出：对于"公开新闻"，即各新闻单位同时获知的事件，要通过策划使其报道与其他新闻单位的报道比深度；对于"隐性新闻"，即存在于社会生活中，但未被各界重视、揭露的现象，则比开发、组织报道的广度和力度。

曾任《华西都市报》总编辑的席文举提出："总编辑应该是总策划，不仅要懂微观策划，还要懂中观策划，更要懂宏观策划。"

新华社原总编辑南振中对新闻策划提出了一种分类——"冷策划"和"热策划"。南振中认为，策划工作通常是在重大战役性报道之前进行的，日常报道中的策划工作大多是围绕可以预料的事件和非事件性新闻报道进行的，可以称为"冷策划"。而对于重大突发事件和突然冒出来的社会重大热点问题的策划，可以称为"热策划"。

曾任《经济日报》总编辑的武春河，曾发表一篇题为《要高度重视新闻策划》的"总编手记"，要求建立四个机制——运行机制、评价机制、激励和约束机制，以及重点报道的策划与快速反应机制。

三、新闻报道策划的积极作用

（一）有利于开发人力资源

新闻报道策划是一项综合性的、全方位的智力活动，要求参与者的多方配合，要求参与者的创造性思维，要求参与者掌握多种传播手段和表现技巧，而且，一般来说策划对人们的时间要求是很苛刻的。可以这么说，一次成功的报道策划，就是一次人才培养和训练的过程。多次成功的策划实践，对于一个新闻单位来说就形成了可持续发展的人才梯队的培养基地。① 从记者到编辑、媒介高层，是一个策划水平不断提升的过程。

（二）有利于满足受众的多元需求

受众对媒体报道的需求越来越多元，要求越来越高。不仅要求提供新鲜、及时的资讯，而且对事物的背景、原因、影响和趋势提供深入的分析，尤其是对人们生活、工作等方面的影响有着浓厚兴趣。这就要求媒体加强新闻报道策划，能够多出精品、多出佳作，才能满足受众的多样化需求，取得更大的社会影响力和市场效应。

（三）有利于深度开发新闻资源

新闻信息资源，就是"新闻媒介所拥有的新闻信息渠道及其产品，包括新闻的提供者、新闻合作者、新闻资源、新闻稿件、新闻资料等"②。人们常说"新闻是易碎品"，新闻赖以生存的客观事实是千变万化、稍纵即逝的，新闻要求新且不能重复，某个新闻线索或由头用完了也就算完了，在某种程度上造成了资源的浪费，因为隐藏在事实背后的东西没有得到充分开发利用。如果能够通过策划，选择不同角度，从不同侧重点切入，深度开拓和有效地利用新闻资源，不仅可以多侧面发掘眼前发生的事实，而且可以回忆过去发生的历史，科学地预测未来，明晰事物的发展趋势。同时通过策划可以将新闻资源充分利用，比如对突发事件的深入、全面和细致地报道，不给其他竞争对手留下机会。

---

① 赵振宇. 新闻报道策划 ［M］. 武汉：武汉大学出版社，2015：18.
② 蔡雯. 新闻报道策划与新闻资源开发 ［M］. 中国人民大学出版社，2004：7.

四、新闻报道策划的基本原则

为了搞好新闻报道策划活动，认识和掌握策划的基本前提是很有必要的，这个前提也可以说是基本原则，即为什么要策划这个报道或活动，其目的和意义何在；在策划这个报道或活动时，我们有哪些可供选择的基本条件，这些条件能否保证我们顺利有效地实施这次策划。一切策划的组织者和实施者只有搞清楚了这两个问题，才可能把策划进行到底，取得预期的良好的策划效果。

（一）真实性原则

新闻报道策划的真实性原则，应该是具体真实和整体真实、现象真实与本质真实的统一。首先，新闻报道策划以事实为前提，大量的新闻策划应该是对已经发生的客观事实的策划报道。如果事实若是虚假的或有失实的地方，由此而形成的报道必定立不起来。

其次，在保证策划目的和动机的前提下，参与到新闻事件与社会活动之中，为新闻事实的发生、发展创造条件，这也是可行的。

再次，保证隐性事实的正确。新闻的诸多要素可以分成两部分：一部分可以称为显性要素，包括时间、地点、人物和事件，这些都是表面的要素，也是现象真实；另一部分称为隐性要素，包括原因、影响、意义和趋势，这些是隐藏在事物背后的决定性因素，是本质真实。作为一个新闻报道策划者，面对这些基本要素要有一个清晰的认识。

现象真实（即显性要素正确）是基本前提，隐性要素正确与否决定着能否掌握事物的本质（即本质真实）。因为原因、影响、意义和趋势，隐藏在显性要素的背后，需要人们去研究和探索，而这些因素又是新闻报道策划的出发点和落脚点。

对于新闻从业者来说，他能够胜任本职工作或优于他人的一个重要条件，就在于他能够比别人更好地认识和把握事实的本质，或者说他的理性认识比别人更胜一筹。新闻报道策划是一个高智力投入的劳动，策划是否成功，是否比别人更高一筹，不仅仅表现在记者是否比别人多吃苦多跑路，更重要的是记者是否多动了一些脑筋，对新闻事实背后的东西是否比别人认识得更多一些、更深一些。①

（二）导向性原则

新闻报道应具有良好的导向性，给人们和社会以正确的舆论导向。舆论导向的正确与健康，是新闻报道策划的重中之重。新闻媒体应该把维护公共利益、促进社会和谐健康发展，作为新闻报道的出发点和落脚点。当前，我国正处于改革攻坚期，人们思想活动的独立性、选择性、多变性、差异性明显增强，加之新兴媒体日益成为社会生活中表达意愿的平台，舆论环境复杂，尤其需要正确引导，以明辨是非，引领潮流。这方面要特别防止低俗化报道和"小题大做"式报道的蔓延。

低俗化报道，指对一些具有社会轰动效应，但也容易产生副作用的报道选题。要求在策划报道时就应该慎重，注意策划的方式、方法和角度，努力寻求积极、正面的效果。这要求编辑、记者具有较高的道德水准和社会责任感，努力避免报道策划在道德层面产生负面效应。如某报连续多天刊发一组稿件：《当150个小姐被收容》《三陪小姐最后的陈述》《艾滋干预：为小姐服务》。因报道内容低俗，严重违反有关规定，新闻出版主管部门吊销了该报刊号。

"小题大做"式报道，指有的报道策划过度配置新闻资源，为追求卖点人为地左右新闻，小题大做，导致事实重要性与报道规模极不相称，也容易产生导向性问题。如一家报纸在报道一个走失的幼女时，在

---

① 赵振宇. 新闻报道策划［M］. 武汉：武汉大学出版社，2015：47.

头版连续 10 多天报道她在杭州的寻母过程，并配上大幅彩色照片。报道的大部分内容都是就事论事地记流水账，有几篇稿件以相当的篇幅猜测、推断小女孩家在何处，产生了不良的社会影响。

（三）创新性原则

创新是不满足于现状、不断进取、求变求新的一种理念。创新是策划的核心和灵魂，新闻报道策划的力量在于创造，重在创新，没有创造性的策划实际上已经失去了存在价值。

富有创意的媒体策划来自创新性思维，尤其是编辑的思维创新。可以说，新闻报道策划充满了编辑这一报道主体的选择与创造。首先是报道选题的决策，报道什么，不报道什么，重点报道什么，简单报道什么，取决于编辑对报道客体的价值等方面的判断。其次，如何报道新闻也要依赖编辑的创造与设计，从什么角度切入报道，以什么样的结构与方式进行报道，采用多大的规模来展开报道，用什么方式来包装展示内容等，均取决于报道主体的创造性思维。因此，策划的过程就是创造性思维的过程，是逆向思维、纵深思维、发散思维、侧向思维等创新性思维方式在新闻报道策划中运用的结果。

创新表现在哪些方面？有学者研究归纳为四个"未曾"，即"涉足别人未曾涉足领域，报道别人未曾报道的内容，选用别人未曾选用的主题，采取别人未曾采取的形式"[①]。我们也可以将其归纳调整为新的报道内容、新的报道主题、新的报道角度、新的报道形式四个方面。

1. 新的报道内容

在新闻竞争日益激烈的今天，新闻媒体以相当大的财力、物力和人力，不断加强"独家新闻"的策划与报道，尤其是对具有较高新闻价

---

① 赵振宇. 新闻传播策划导论［M］. 武汉：华中科技大学出版社，2003：56.

值、社会影响较大、内容上人无我有的"独家事实"进行开掘，目的在于以"独家产品"造成独家影响，以赢得更多的受众，占取更大的新闻传播市场。这样的"独家事实"，必须依靠采编人员深入社会，发现社会生活中的新情况、新问题、新经验，并挖掘隐藏在社会表象背后的本质和趋势，近年来借助微信、微博等社会化媒体来获取选题也成为一种趋势。

【经典案例1-5】

淘宝发布首份趣味地图：
2011年度，包裹里的"中国地理志"

2011年，淘宝网和天猫商城每天产生的包裹量逾800万，占整个快递业总包裹量的近六成。有人说："如果将这些包裹堆起来，每个月可以盖一座胡夫金字塔。"

这些包裹里，都"淘"了些什么？

昨天，淘宝公布了自成立以来的第一份趣味数据，主要来源于2011年度各地淘友们在淘宝上的量化表现，比如买卖数据，包括搜索数据等。

首份趣味数据，读之让人捧腹，让人津津乐道，也让人展开无穷的想象。

数据显示，宁波78%的男人给女人网购过东西，陕西人搜索最多的是小熊维尼和情趣内衣，舟山原来是最具文艺范的城市。真的吗？

有图有真相，让我们来图解各地网民的"最爱购"吧。

最疼老公、最舍得为男人花钱的女人在浙江

这个数据有意思，引来编辑部一阵笑声，尤其是那些单身男记者，这下有了奋斗目标。是不是意味着娶个浙江姑娘，把钱交给她，她还是会花在你身上？

2011 年，女性用户网购男性商品最多的十大城市中，有 8 个都是浙江省的。

前三名是舟山、丽水、湖州。每百名活跃用户中，分别有 24、21、20 人给男朋友或老公买过礼物，人均花费分别是 900 元、712 元、737 元。

浙江姑娘不仅是贤妻，还会是良母。

在购买婴儿胎教、早教用品的准妈妈调查数据中，前七名的位置都被浙江的准妈妈们牢牢霸占，其中宁波人独占鳌头，每千人里面有 48.8 位准妈妈购买早教产品，其余的几个城市按排名分别是舟山、温州、绍兴、台州、杭州、湖州。

哪里的男人最疼老婆呢？宁波以 78.3% 的高比例荣登榜首。这一榜单公布，也让一众未婚女性大呼"嫁人要嫁宁波男"。

......

（作者：李韵 肖菁 黄莺 陈聿敏，钱江晚报，2012-02-28）

【评析】

该选题策划重视对网络用户数据及网络公共资源的利用。用户数据是重要的互联网数据资源，通过对用户数据的挖掘，可以将个别的、分散的行为中蕴含的共同规律揭示出来。大数据完全基于人们的搜索、购买、出行等行为产生，因此比语言本身更能反映人们的真实想法。在互联网时代，基于用户数据的大数据资源成为产生报道选题的重要来源。

2. 新的报道视角

随着信息传播技术的进步、新闻观念的更新，信息资源共享的局面变得越来越普遍，创造绝对意义上的独家新闻越来越难。各媒体除了通过独家发现新闻线索、新闻事实，抢先报道新闻等手段外，越来越重视"后发性"独家新闻的创造，即通过对大家都能发现的新闻事实的独家开发、挖掘，运用独家眼光、视角来创造独家新闻。这类独家新闻建立在同一新闻事实的基础之上，成功的关键要看谁具有"独一无二"的视角、眼光和思考。

新闻视角是指传播者观察、分析、理解和开发利用新闻事实信息资源的角度。面对同样的新闻事实，可以从不同的视角来思考。比如人们可以从不同侧面、不同层面的空间视角来看，或者从过去、现在、未来时间视角来观察、分析，就会得到不同的东西；也可以从不同人的眼光来看，比如从传播者与受众、领导者与被领导者、上层人物与平民百姓、当事人与局外人等不同的视角去观察、审视同一新闻事实，也会发现不同的东西。以不同的视角观察、分析、理解新闻事实的实质，在于以"求异""换位"等思维方式与作为对象的新闻事实建立不同于习惯的、常规的认识关系，以便在这种"不同寻常"的关系中发现新的事物。如果视角转换得当，就有助于敏锐地判断对象事实的新闻本质，增强新闻报道的吸引力。在重大新闻事件报道中，寻找独家视角，找准切入点，以独特的方式重新整合信息，做到"人无我有"，就显得十分重要。

如我国有渤海、黄海、东海和南海四大海域，先后实施"秋季休渔"的制度，对这一休渔制度报道策划思路可以从以下几方面出发：

为什么休渔，说明休渔对保护海洋环境、可持续发展利用海洋资源的必要性；休渔的法规、政策有哪些，具体内容是什么；采取什么措施保证"秋季休渔"能落到实处；"休渔"期间，渔民干些什么，生活如何得到保障；"休渔"期间，谁来给城乡居民提供新鲜的海鲜产品；国外有没有"休渔"期，有哪些经验可供借鉴；"休渔"给渔业经济和相关产业带来哪些不利影响，如何消减和化解；等等。①

归纳以上列举的这些思路，包括从工作和生活的角度、从领导和群众的角度、从渔民和市民的角度、从对内和对外的角度都可以展开。一是角度全面，强调反映事物的完整深刻性，尤其在策划上思路要开阔；二是考虑媒体的定位、特点和受众的需求有所侧重，强调从渔民的生活和老百姓的角度出发，强调以人为本。

新闻报道策划一般来说，观察角度有以下几种：

（1）正向角度方法。对于反映人间真情和社会正气的典型报道，一般常用这种方法。它要求报道者按着事物发生、发展的方向，揭示该事物所蕴含的积极上进的精神风貌。这种方法用起来特别顺手，但同时也容易落入俗套。策划者在选用正面材料时，要避开人们常爱用的角度和素材，只要有心和用心，在正面观察中也能看到别人不容易看出的问题，选择别人不容易选择的方面。在正向观察中出奇制胜从某种意义上来说或许更难。②

（2）逆向角度方法。逆向与正向相反而行。采取逆向角度来观察、认知事物，可以避免大家都在相同的道路上拥挤的情况，同时也能给人以新奇的感受。只要策划到位，逆向角度会产生非同寻常的传播效果。

（3）侧向角度方法。所谓"横看成岭侧成峰"，事物是一个多面体，由多个不同的侧面组成，选择某一个侧面展示其为人所不知但人又想知的事物，是很受欢迎的。如报道成功企业家，大都要报道其经营管理、财富积累、公司效益等。但如果能够掌握其业余生活的兴趣和爱好，并选择性地予以报道，也是一个很好的侧面。

---

① 杨秀国. 新闻报道策划 [M]. 北京：人民出版社，2012：59.
②② 赵振宇. 新闻报道策划 [M]. 武汉：武汉大学出版社，2015：49，50.

（4）纵向角度方法。即历史溯源的方法，也就是从时间的角度，从古到今、从旧到新，穿越历史的隧道，沿着昨天、今天、明天的时间顺序描述某一事物的发展方向和行动轨迹。这种观察方法大多用在纪念日、工程竣工日、某一事件发生日等报道上，给人以历史的重任感。

（5）横向角度方法。主要从空间的角度来看问题。这种观察要求策划者眼界开朗一点，胸怀开阔一点，思想开放一点，掌握全局，掌握整体，写出有气势有联系的文章来。②

3. 新的报道主题

好的新闻报道是有"灵魂"的。这个"灵魂"就是新闻的主题。新闻主题是记者对客观事实的看法、态度和通过事实的报道所表达的主观意图，是新闻报道的中心思想，它犹如一条红线，贯穿通篇。独家新闻难觅，独家观点和见解却可以常有。同样一个事实，可以做出不同的分析、认识、评价和解释，从中就可以看出水平和能力的高下，因此追求新颖独到的观点和见解，是新闻报道策划创新的一个重要途径。

新的报道主题来自质疑、独特的角度和深刻的见解。一是要有质疑意识，即凡事不要轻信，特别是对那些社会上众口一词争相炒作的热点事件、现象和人物，要在确认真实性的基础上客观评价。二是角度，观察角度不同，得出的主题和表现的效果也可能不一样。三是深刻，主题的新不新往往体现在深不深上，如果能揭示事物深层次的本质，往往就能挖掘到更新的主题。

如中央人民广播电台"午间半小时"曾对重庆市的"市长公开电话"进行报道，在充分肯定"市长公开电话"于倡导"急老百姓之所急，想老百姓之所想"政府工作作风所发挥的积极作用之后，进一步提出为什么会出现"市长公开电话"这一发人深思的问题，从而揭示出正常解决老百姓问题的渠道不畅通，才会出现大事小事都要找市长解决的现象。这就是"逆向思维""求异思维"的运用，使报道的主题和立意得到提升。

【经典案例1-6】

25年前的打工姐妹你（们）在哪里？

凯达，深圳最早的外商独资企业之一，超过千人的企业规模撑起当年蛇口工业区的"半壁江山"。

她们，第一批来到蛇口的打工妹，见证了一家外资企业的兴衰，也见证了蛇口从荒山野地走向繁荣和现代化。

蛇口，记录了无数打工妹的成长脚步，有的已成为公务员、银行职员、企业老板，有的则从蛇口走向法国、美国、新西兰……

再过一个月，凯达的第一代女工将迎来她们进入蛇口25周年的纪念日。对凯达姐妹和所有第一代深圳人来说，20世纪80年代就是"激情燃烧的岁月"。

"再过二十年，我们重相会，荡起小船儿，暖风轻轻吹。……"当年她们熟悉的歌声已经远去，但关于友谊和激情的回忆才刚刚开始。当年的打工姐妹郑艳萍、陈小霞在寻找你们。如果您曾是凯达姐妹中的一员，如果您有着不一样的回忆，如果您在离开凯达后有着不同寻常的经历，《深圳商报》记者愿意倾听您的讲述。

一个偶然的机会，记者认识了蛇口工业区工会女工部长郑艳萍。

出乎意料的是，这位法学硕士、蛇口的"部级"干部曾是深圳第一代打工妹。再过一个月，她和姐妹们来深圳打工已整整25年。

"难忘当年打工的日子，难忘那些姐妹，她们现在都在哪里？很想有个25年后的聚会！"忆往昔，郑艳萍无限感慨。

……

（蒋荣耀，深圳新闻网，2007-01-04）

【评析】

《深圳商报》推出的"寻找第一代打工妹"报道的选题意义和价值何在？策划有什么特点呢？一是从过去和历史中挖掘出新意义。一群打工妹对过去生活的记忆能够成为让人关注的新闻，这说明了新闻的本质并不在于时间上的近，而在于意义上的新。意义上的新在哪里？改革开放三十年，深圳迅速崛起为现代化大都市，离不开改革开放的政策、老一辈领导人的高瞻远瞩、企业家的创新和资本力量，这一切已都被大量宣传和报道，但普通劳动者，包括打工妹（及广东的产业特点）的贡献少人提及，这些底层劳动者成为改革和城市化的牺牲品。因此，讴歌劳动者是一个大主题、主旋律，表明这座城市没有忘记曾经为她辛勤工作、挥洒汗水、献出青春和生命的老一辈开拓者。而且深圳是一个移民城市，无论是第一代、第二代打工者，还是打工者的家属都对这段生活有怀旧心理，报道容易引起强烈共鸣。

二是用讲故事的方式展现主题，拉近与受众的距离。用讲故事的方法让其与广大受众接近，因为故事最好懂，也最容易拉近与读者的关系。比如第一篇就是以郑艳萍这一人物的故事为主。故事要靠细节才能打动人，记者报道了大量细节，让故事更生动。同时"寻找第一代打工妹"使得整组报道带有一种悬念性，不断有新的人物和新的故事出现，保持受众对事件的持续关注。如一个手扶拖拉机带出来的家庭，这个家庭有9个人曾在凯达玩具厂工作过，而且好几个人是从福建坐着手扶拖拉机到达蛇口的。到今天，这台手扶拖拉机上至少出现过一个亿万富翁和几个百万富翁。记者正是通过这样一个个生动活泼、真实可信的人物将打工一族的生存发展轨迹展现在受众面前。

三是选择凯达和第一代打工妹作为对象，考虑策划的可行性。以凯达和凯达的第一代打工妹为报道对象，有明确的可以寻找到的采访对象，可以保持报道的延续性。

4. 新的报道形式

报道形式或报道方式，是指编辑将零散的新闻材料整合为报道整体的操作模式。越是选题重要、规模大的报道，越须要组合运用多种报道方式。因此对报道方式的选择、组合和创造是新闻报道策划创新的重要一环。连续报道、集中报道和系列报道是新闻媒体比较常见和传统的报道方式，受众参与式、媒介介入式、媒介联动式报道也越来越受到媒介重视。

【经典案例1-7】

从2014年2月28日开始，《深圳晚报》推出"深圳爱心测验"报道，聚焦"有人摔倒 你管不管"这一社会热点话题，产生了广泛的社会影响。

深圳爱心测验：

记者"摔倒"测试　深圳人"管不管"

深圳晚报讯（记者 汪仕林）自从央视马年春晚播出小品《扶不扶》后，"扶不扶"已经成为今年热词。在深圳，就在上周，发生了两起现实版《扶不扶》。2月17日白天，一名女子因晕倒在地铁口50分钟无人扶而死。2月18日下午2时40分，一名女子突然瘫软在地铁上，很多乘客自发扶起急救，她幸运地清醒了过来。扶还是不扶？管还是不管？这的确是个问题，所以就有了深晚记者昨日奔走在街头的体验式采访。

昨天下午，本报派出三路记者，分别前往深圳4个区的8个不同类型地点进行现场测试，看看危难之时到底有多少人、在多长时间里施以援手。

在"病人"面前，最无奈一双双脚走过，如果不俯在地上是很难听到心的呼唤的。有的记者手弄破了，衣服脏了，有的被别人误解为"碰瓷""狼来了"，但真实的体验成为映照城市文明的一面镜子，他们无悔。

经过一番实地体验、调查，记者记录下了心路历程，这番切身体会告诉我们：假如有一天你自己倒在路边，你是多么希望在生命关键时刻有人拉你一把。

任何质疑、麻木都不如搭上一把手来得温暖，行动才是力量。

这让人想起不久前网络上很火的一段视频，寒冬里一个外国儿童，穿着单薄的衣服在公交站等车，开始也有人疑惑并无动于衷。后来不断地有人脱下外套，有人给他手套，情景非常感人。尽管那也是一个公益测试，但是给我们传播了一种正能量。但愿深晚策划的这组报道能给广大市民以警醒，社会需要热心肠。

1. 华强北站

"被扶起的那一刻，鼻子有点酸。"

测试时间：2月27日16：02

地点：华强北站

测试者：佟艳婷

性别：女

年龄：23岁

结果：7分钟后被市民扶起

心路历程

倒在地上的那一刻，我的手碰到了水泥地，擦破了皮，水泥地有点凉，特别希望有人能扶我一把。渐渐地，听到周围人群越来越吵，恍惚间，听到有人在打120："兰海路，兰花的兰，有个女孩子晕倒了！"心里一暖。

不久，一个温柔的男中音传来："妹子，怎么了？"

"我不舒服，心慌。"

"哦，心脏不好，那不能乱动，找下手机赶紧给家人打电话。"

接着，我被人慢慢地扶起来。那人从我随身的包里翻出急救药品，喂了两口水，说："慢慢喝，别呛着了。"

被扶起的那一刻，鼻子有点酸。在高楼林立的城市巷子，在车水马龙的路上，当需要救助的时候，哪怕是一句问候，一个简单扶起来的动作，都让人倍感温暖。事后，我真诚地感谢这位好心人，他不仅是"救"了我，更是在拯救着这个社会的良心。

市民反应

兰海路是一条略为僻静的横街，人流量不算大，步行的、拉货的、开车的缓缓经过，很多人都看到了倒下去的女记者。有人在指指点点讨论；有人假装没看到大步走过；也有几个人经过后，回头张望，拿出手机拨打报警电话。

"周围有视频监控的话，我会上去扶人。"一名拨打报警电话的男子说。也有人表示，如果严重会先报警，轻微的会伸手去扶一把。女记者倒在地上7分钟，在这期间，经过的大概有40多人，最后有3人选择报警，一人上前扶起"病人"。

"我是山东泰安的，我们那边的人都是这么做的。"从事外贸工作的扶人者解思俊说，他帮人从来不会考虑那么多。

记者梁尹星在街头"摔倒"，4分钟后市民蒋冬庆和朋友一起将这位特别的"测试员"扶了起来。

…………

腾讯网、百度新闻头条转载，微博大 V 纷纷点评
"深圳爱心测验"新闻影响力波及全国

深圳晚报讯（记者 汪仕林）昨天，深圳晚报结合35岁梁娅倒在地铁口未及时得到救助而死亡的事件推出"深圳爱心测验"报道后，广大读者和各大网站反响热烈，有赞有弹。尽管声音不同，着眼点不同，但是无不对"有人摔倒 你管不管"的现象予以高度关注，其社会效应已不可小觑。

新闻影响力波及全国

昨天上午，打开腾讯网 QQ 即时新闻，头条便是"记者摔倒测试深圳人'扶不扶'"的新闻图片，而在百度新闻首页，滚动新闻图片甚至超过了"美国11岁女孩为救哥哥枪杀美洲狮""解析北京雾霾元凶"等一系列热点新闻而上了头条。新浪网、网易网、凤凰网、光明网、深圳新闻网等也纷纷转载。

当时具有6 564 558个粉丝的知名足球评论人、节目主持人董路在自己的微博上转发了深圳晚报的报道，并评论："扶不扶是一个比较复杂的问题，和人摔倒的时间、地点、周围环境乃至摔倒的方式和姿态都有一定关系，应淡化扶不扶，提倡报警。"昨天下午，东方卫视记者专门致电深圳晚报，要求采访参加体验活动的本报记者，新闻的影响力已经扩展到全国。

唤起行动而非绕道而行

实践证明，本次爱心测验中，最短的近 2 分钟，最长的 7 分钟就有市民帮（着）扶起来，有的则是保安人员帮（着）拉起来，有的是拨打了 120 急救（记者及时说明情况没有拨通），无论何种形式，都证明了鹏城不缺爱心。

由于突然晕倒的病人情况不同，我们并不主张盲目帮扶，免得适得其反产生意外伤害，但是我们测验的目的，是想唤起更多路人的关爱之情，哪怕是帮助拨打急救电话，或者帮喂一片急救药丸，而不是事不关己，熟视无睹，绕道而行。我们想唤起的是行动，而不是在网络上说一些风凉话。只有这样，这座城市才能充满温暖。

为此，我们采访了市人大代表、社会学者、公务员、老师、普通市民等各界人士，把网络上的不同声音也做了梳理，同时采访了急救专家指导正确的急救方法，从多方面解决帮扶者思想上的顾虑、方法上的缺陷、法规上的担忧，希望更多的人加入爱心行动。（深圳晚报，2014-02-28）

【评析】

第一，该选题具有一定新意，而且回应了现实的社会问题。老人摔倒，扶还是不扶，原本是不需要考虑就可以做出肯定回答的。可是自从南京的彭宇案、河南郑州李凯强案之后，回答这个问题就不那么简单了。在各种讹人事件中，媒体整体上并没有起到积极的舆论引导作用，一定程度上成了人们救人时缺乏安全感的推手。

在策划前不久，深圳发生了类似的事情，这使策划具有时效性。同时策划这个选题还有没有其他新意呢？如果只是重复以前的报道，号召人们去献爱心，或批判见死不救的行为，选题缺乏新意，价值不大，因此寻找新的意义十分重要。

一是为城市形象、城市品牌的宣传推广助力。通过策划来间接反驳网络上"深圳是一座冷血的城市"的言论，同时，成为检验城市文明程度、检验城市市民有没有爱心的一面镜子。如文中所说："实践证明，本次爱心测验中，最短的近2分钟，最长的7分钟就有市民帮（着）扶起来，有的则是保安人员帮（着）拉起来，有的是拨打了120急救（记者及时说明情况没有拨通），无论何种形式，都证明了鹏城不缺爱心。"

二是引导市民克服疑虑心理，采取正确的方式方法来献爱心。献爱心的人没有安全感，这是一个社会问题，如何解决这样的社会问题，须要媒体献计献策。

第二，该报道的形式新颖多样。"深圳爱心测验"报道，综合运用了媒介介入式、受众参与式、连续式等报道方式，《深圳晚报》记者兵分三路前往4个区、8个地点，在公共场所"摔倒"以测验市民的反应。"深圳爱心测试"报道属于媒介介入式，媒介直接参与报道客体，成为其中的重要角色，如报道记者"摔倒"的测试结果、心路历程、记者心声等。"深圳爱心测试"报道又采取了受众参与的方式，受众的意见构成报道的重要客体，如报道同行点评、微博互动、各界看法等情况。记者由于参与到事件中，对报道对象有更深切的感知，记者做出的报道会更生动、更真挚、更深刻，从而更有效地吸引和打动受众。

第三，注意负面问题的避免。有人质疑事件的真实性，包括媒体记者自己的疑虑。事件本身虽然是策划出来的，记者的行为是一种角色扮演，但策划的目的是符合公众利益的，路人的反应是真实的，也没有人为地去扭曲、夸大或缩小，对事件发生后的报道也符合新闻报道规律。所以应该是一种符合新闻真实性的行为。

为了追求轰动效应，在报道方式上标新立异而不考虑社会影响，往往往会造成不良的社会后果。《深圳晚报》记者在进行体验式采访时保持法律意识和道德意识，掌握好尺度。如记者 4 人一组，只要有人报警，会立即停止测验，并告知真相，确保不浪费公共资源。而相反的情况是造成对公共资源的浪费。如 1997 年南方一家报社为测试上海警方的快速反应能力，在上海街头假扮外地到沪的旅客，以被抢去一条项链为由向 110 报警。报案后仅 2 分 10 秒，前后就有 4 辆警车赶到现场。记者据此发表了体验式报道，虽然该采访事件获得公安部门特许，但记者虚拟身份、谎报案情的做法还是招致不满和批评。同样，某报社记者虚拟病人病危拨打 120 电话，以测验医院救护车的工作效率，被公众指责其浪费宝贵的医疗资源。因此，报道方式的考虑不周、设计不当，也很容易产生副作用，对此须加以防范。

（四）可行性原则

可行性原则，指报道策划具有可操作性，能够有效实施，不流于纸上谈兵。也就是说，新闻报道策划具有能够实施的外部环境和内部条件，因此策划者需要对选题本身及其外部环境和内部条件等进行分析论证，使方案能够切实可行。具体来说，可行性原则可以包括四个方面的内容。

1. 选题的可行性

新闻报道策划是在不中断日常报道和影响媒体正常运转的前提下进行的，多数情况下需要投入较多的财力和人力，且需要多方协调配合。有些报道策划甚至需要跨地区进行，会出现意想不到的障碍和困难。因此需要考虑该选题是否具备实施策划的必要条件，比如到南北极的采访，一般媒体难以做到；对海外的采访，基本条件是有派驻海外的记者。当然不是万事俱备才进行，但还是要量力而行和尽力而为。

2. 策划的周密性

策划应尽量周密细致，考虑各种宏观、微观因素的发生。当事件发展遇到某些阻力无法继续下去时，或者在寻找事件发生的原因而缺乏某些必要因素时，新闻媒体在不违背事实发展规律的基础上可以对具有潜在事实的新闻进行策划，提供相关的条件催生新闻事实或者推动新闻事件向前运动，同时对该事件进行报道。

3. 实施的变通性

新闻事件的发展变化不以人的意志为转移，随时可能会发生策划者未曾预计到的新情况，因此策划报道时要随时变通，尽可能对可能出现的情况进行分析，使方案具有灵活性、应变性；在报道实施过程中，紧密关注各方面情况的变化，随时对报道作出修正和调整。

4. 结果的实效性

把策划作为手段，而非目的，除非有意宣传媒介发起的社会公益性活动，否则策划手段越隐蔽，获得的传播效果往往越好。因为策划得成功的报道是那些能够让事实本身说话、让受众自由思考，最终达到传播所期望的效果的报道，而不是策划者跳出来自己表现自己，甚至强加于人的报道。

（五）前瞻性原则

新闻报道策划的前瞻性是新闻报道的前期准备，指的是在预见到的新闻事实发生之前的准备，这包括对事件发生、发展、演变过程的掌握。新闻编辑策划的前瞻性带有事先策划的性质，主观意识较为明显，因此，编辑所制订的计划、步骤、目标只能是初步的，不能一锤定音，要随着事实的发展随时进行调整，使前瞻性在事实的检验下得到印证和深加工。

在通常情况下，新闻是偶然性的，它会不会发生并不以人的主观意志为转移，也是难以预见的。然而，事实上某些新闻是可以预见的。这种预见大多见诸某一新闻事实尚未发生、但其发生已在意料之中的事件性新闻。预见性新闻大多要经过策划，中外媒体都会这样做。因此，前瞻性、预见性是新闻编辑策划的一个重要特征。

有些新闻是突发性的，事先没有预料到，但一旦发生，对它的发展、演变、进程会有一定的预见性。如一些伟人和名人的逝世，这是不可预测的、突如其来的。但发生了，也要进行策划，根据对事态发展的一般规律的把握，对来自各方面信息的把握，依据上级规定的宣传报道的口径和政策，可抢新闻的第二落点、第三落点。这里面也包含着预见性。最初的仓促可转变为较为从容的策划，包括对重要报道的组织、版面的调整、人员的调配、图片制作等等。这类报道由于影响大、要求高、牵涉面广、政策性强，必须认真、慎重策划。①

新媒体时代到来，编辑和记者的沟通存在"正向信息流"和"反向信息流"两个信息流，正向信息流是记者反馈给编辑部，反向信息流则是编辑部反馈给记者，两个信息流同时存在。过去，新闻发生了，处在新闻源或者靠近新闻源的记者或通讯员向编辑部报告，编辑部再根据已经掌握的情况，做出具体报道安排，这是"正向信息流"。随着通信技术的发展，当事人或新闻现场的人把事情直接发到网上，出现了"反向信息流"：记者还不知道的事情，编辑就已经知道了，因为编辑可以天天盯网，网络可以让后方更直接地指挥前方。网络的发展让媒体采编流程发生变化：大量工作是后方编辑部整合最新情况，指挥记者采访，媒体采编部门负责人必须从"派料"变成真正的信息指挥，告诉记者怎么做。网络的另一个影响是，使所有策划都要提前。以前不少策

---

① 谭云明. 新闻编辑［M］. 北京：中国传媒大学出版社，2008：75.

划是在新闻见报引起反响后才考虑，通过策划把事情做大。但现在所有策划都要提前，接到"报料"几小时后就必须决定这个事情是否需要做大，编辑部的应对速度必须更快。

五、全媒体环境下新闻报道策划的趋势

（一）强化融合式传播

融媒体不仅是一种新的信息生产方式，也是一种新的传播观念、新的媒介运作理念。全媒体带来了载体形式、内容形式以及技术平台的融合与转变，也促使着新闻传播观念和认识的调整。在改革发展的语境下，新闻媒介的全媒体布局是大势所趋，新闻策划在媒介融合战略中扮演着重要的角色。"融合新闻"正在成为报道策划的新理念与新目标，编辑的策划需要通过媒介组织重构与流程再造，以多种载体的整合利用实现新闻资源的深入开发与优化配置。[①] 充分利用新技术，采取新的报道方式和手段，内容共创、互动传播，是新闻报道策划的新发展之路。

融合式的新闻策划是基于媒介竞争的新闻策划，可以实现优势互补，构建全媒体策划报道方阵，发挥品牌效应，顺应网络化潮流，并扩大媒介影响。如2015年，人民日报社抽调精兵强将搭建了一个临时的"中央厨房"，主要设立了三个团队，即统筹推广、内容定制和可视化，为社内所有媒体和社外合作媒体提供服务及产品，从而将报社的媒体融合进程整体向前推进了一步。融合式的新闻策划是基于传播效果最大化的新闻策划，能有效地满足受众读、看、听于一体的需求体验。

在全媒体转型过程中，新闻报道策划的特殊性首先体现在新闻呈现形态的多媒体化和发布终端的多元化上。与传统的新闻策划不同，融合

---

① 蔡雯. 重视深度新闻报道的策划——新媒体时代大众传媒的新闻创新 [J]. 新闻爱好者，2011（9）.

式的策划内涵更加丰富，报刊、广播、电视、网络、新闻客户端等都呈现出表达方式上的融合运用。新闻稿件及其报道手法的整合，是报道策划中最能体现创新性的方面。传统新闻报道策划中，报道方式讲求的是各种新闻文体、版面编排、报道规模等合理有效的采用。媒体融合环境下的报道策划则要研究如何适当采用新的载体和新技术手段，运用多种传播符号，将信息资源进行不同方式的排列组合和增值加工。

从新媒体平台获取报道材料，包括新闻线索、新闻资料乃至原创报道等，都可以通过新媒体渠道获取。如 2013 年 4 月 20 日四川省雅安市芦山县发生 7 级地震后，各媒体纷纷第一时间策划网络新闻报道，在微博上打造了前方新闻报道"第一现场"。中央电视台新闻频道的"@央视新闻"、《人民日报》微博"@人民日报"、新华社的"@新华视点"等媒体都以官方微博的形式"直播"了此次芦山地震的新闻报道。除此之外，电视媒体也采用播出微博内容来反映前方救援等情况。可以看出，网络已经成为新闻发生、报道的第一平台。①

充分采用多媒体互动报道方式，表现形式上是多媒体融合呈现形态。包括如何适当采用新载体和新技术手段，运用多种传播符号，将信息资源进行不同方式的排列组合和增值加工，包括现在很热门的数据新闻和信息图表新闻。媒体进行整合新闻报道策划应从媒体的特性出发，理性组合发布平台。在平台的选择上应该根据自身的发展水平和技术、资金实力，夯实基础媒体的报道，然后以此辐射、带动其他新兴媒体报道平台，逐步构成整合性的多媒体报道圈。

如两会期间，无论是刷朋友圈，还是翻微博，不时可以看到带有"人民日报"标签的报道，而且不乏引起"刷屏"现象的报道。这说

---

① 王灿发. 报刊编辑 [M]. 北京：中国人民大学出版社，2013：39.

明，在微信和微博这两个用户竞争最激烈的领域，人民日报社较为成功地解决了传播力和影响力问题。如《9张图，帮你读懂政府工作报告》，发布3小时转发次数过万，评论有1300多条。《南方日报》全国两会"融小组"出品的原创特色作品《据说6种广东人可以当上政协委员》（招式一：快"入党"；招式二：学经商；招式三：成"学霸"；招式四：当兵去）。社会普遍评价这是一篇符合网络传播特点和语言风格的具有新媒体特点的作品，创作者包括采写、编辑、制图、策划在内多达11人。在新媒体传播平台上，图表式的深度归纳解析报道比较受网民欢迎，这样的产品单靠记者是完成不了的，一定要有后方编辑部的配合，特别是美术编辑和图表编辑的配合，这是媒体发展对媒体从业人员提出的新要求，也对学界和业界提出了培养"全媒体采编人才"的问题。

（二）强化参与式和整合式传播

新华社新闻研究所对国内全媒体发展所做的研究发现存在"内容缺乏有效整合"的问题，并指出全媒体环境下不同形态媒介的内容应当更加方便地实现相互嵌入，并根据各个媒体的传播特点和受众的需求进行重组和分装。

全媒体环境下，新闻生产从单一的、线性的、封闭的，走向多元的、网状的、开放的格局，涌现的策展新闻解构了传统新闻的生产实践，新闻策展人"把网络上的相关的优秀内容加以整合、编辑、加工，分享给受众，所做的工作包括寻找、辨别、选择、验证、组织、描述等"①，是信息生产中起主导作用的因素。

一是新闻生产从"讲授"到"对话"，从"训话式新闻"到"作

---

① 彭增军. 记者何为？ [J]. 新闻记者，2016（10）.

为对话的新闻",专业记者与公众之间的互动日益频繁,"公民参与新闻生产成为可能并出现参与方式的多样性",传统媒体可以利用公民的力量更出色地生产新闻。① 从 2005 年 BBC 伦敦地铁炸弹袭击事件报道、2011 年"卡扎菲之死"报道、2013 年美国波士顿马拉松爆炸案报道、2014 年马航失联事件报道、2015 年长江沉船事故报道、2016 年美国大选报道等等,新技术武装起来的"受众"能够成为信息的生产者,并能自由地表达自己的思想观点,他们不仅具有原创能力,也有自主权。这种角色转换使新闻报道由单向转向双向或多向,媒介的受众资源可以转换为信息资源。资源转换使媒体的报道面被扩大了,重要新闻事件发生时专业记者不在现场的缺陷也可以得到弥补。②

传统新闻机构、政府管理部门、传统媒体的消费者以及社交网站用户等主体结成"网状结构",多渠道地制作和修订新闻,表现出"从专业媒体独立采制报道转向由多元主体运用各类媒体一起求证事实,并在求证过程中进行意见交流与对话"的策展新闻实践新常态。③

二是整合式传播中,新闻策展人需要在坚持用户本位理念的前提下,根据用户的需求选择和分发不同形式、不同版本的内容。也就是说,新闻策展人强调"后台支援"和"弱采强编",要对大量信息进行选择、加工和整合,将"展场"布置得合理、直观而有趣,最大限度地减少用户寻找真相的时间成本。④

三是在整合式传播中,新闻策展人需要担当公共讨论中的主持人。

---

① 吴果中,谢婷婷. 从公民新闻到众筹新闻:新闻生产"专业化"和"参与式"两个维度的博弈 [J]. 湖南师范大学社会科学学报,2016 (2).

② 蔡雯. 重视深度新闻报道的策划——新媒体时代大众传媒的新闻创新 [J]. 新闻爱好者,2011 (9).

③ 蔡雯,邝西曦. 对话式传播与新闻工作者角色之变——由"僵尸肉"新闻真假之争谈起 [J]. 新闻记者,2015 (9).

④ 李敏,谭天. 融合中转型:从电视记者到新闻策展人 [J]. 电视研究,2016 (8).

互联网强调互动、分享、跨界。当"报道"变为"对话",当"单向传播思维"转为"双向跨屏展示",新闻策展人还需成为公共讨论中的主持人。传统媒体工作者的角色是舆论的引导者,而新闻策展人在公共讨论中的角色则体现为舆论的发起者甚至是创造者。有时候,新闻策展人可以与用户角色互换,进一步彰显平等对话。①

(三)强化策划的执行力

一是组建重大报道临时策划机构。《新华日报》在重大主题策划中引进房地产项目公司制的形式,实行重大主题策划项目经理制。通常由一个人牵头成立项目小组,围绕主题展开策划,任务完成后小组解散,工作表现带入最后的项目业绩考核。整个工作团队受项目主要负责人指挥,服从调配,全力协作完成。同样,《现代金报》重大报道策划也实行项目制,确立项目负责人统筹策划,并注意跨媒体合作,项目负责人受权可以调动文字、摄影和视频记者。《新华日报》为弥补条口记者分工过于明确、模糊板块新闻频漏的缺陷,成立虚拟新闻策划中心。每期策划中心为期一个多月,由每位部主任轮流担任中心主任,有权调动各部资源,全视角策划,跨部门组织指挥报道。这种制度突破了条口限制,锻炼了策划队伍,推动了新闻策划上水平。

二是打造与策划相关的奖励体系。《北京青年报》重大报道策划的经费由"总编辑基金"保障;编辑记者提出、参与重大策划有助于提高其内部评级。每周都设有总编辑奖,其中有"同题优秀"奖专门奖励面对相同报道素材的新闻报道,而这种报道中有相当大的策划成分。对策划的提出者和执行者,《新京报》则会专门发放"统筹费"。《新京报》的不少专题、策划是由编辑提出,在得到部门授权后,策划方案

---

① 李敏,谭天. 融合中转型:从电视记者到新闻策展人 [J]. 电视研究,2016 (8).

的提出人可以召集组织相关编辑、记者参与报道。报社根据策划的水平、见报的反响、付出的工作量给策划打分，所给的分数对应的就是额外的策划奖金。正常情况下，"统筹费"是版面编辑费的一到两倍，而且在版面注明"统筹人"，这样无论是从名誉上还是经济上，都能给策划者带来成就感。

第二章

新闻报道策划的组织与操作

新闻策划包括多种，如对媒体的总体设计，即媒体编辑方针的确定，这是总体策划；还有对版面和栏目的设计，这两种策划都是相对宏观的全局的策划，它是稳定的、长期的。新闻报道的策划与组织，就是对某一项报道的策划与组织，它要受编辑方针的制约。两者是全局与局部、方针原则与具体执行的关系。微观策划是新闻报道策划最基础、最具体的结构层次，它贯彻宏观策划的总体思想，提出新闻报道策划实施的具体运作方案，并组织方案的实施和对方案进行反馈调整。

一、新闻报道策划的主要类型

（一）根据报道客体的发生状态划分——可预见性策划、非可预见性策划

1. 可预见性的报道策划

可预知的新闻事件一般具有较大的影响力，社会各界都比较关注，因此也是媒体重点报道的对象，是各媒体不可漏掉的重点新闻。这种可预知的重大事件或非事件性新闻包括各种定期召开的大型会议、运动会，一些重大的节日、纪念日等。如神舟七号卫星发射、香港回归、北京奥运会等新闻事件，纪念改革开放 40 周年、纪念反法西斯战争胜利

70周年、新中国成立70周年等。

此类新闻的报道策划对编辑的统筹能力要求较高。由于新闻资源的共享性较强，要在竞争中取得优势，就要通过策划，寻找独特的新闻角度，挖掘独有的新闻线索，增加新闻的广度和深度，设计独特的新闻产品。在策划此类报道活动时，要注意以下两点：

首先，这种报道的时间往往比较长，策划时要注意把报道分成几个阶段，做好各个阶段的部署。例如，每年三月召开的全国两会，许多报纸都按步骤进行会议召开前的会前预热、会议进行时的会议报道和会议结束后的后续报道。

其次，提前做好各种准备，事先对报道对象进行全面的了解，尽可能地掌握详细的材料，为事件中心阶段的报道铺平道路。例如，2007年10月24日嫦娥一号发射成功。为了做好发射报道，《广州日报》报道组的成员在国庆前就到西昌做了一次预采访，预先联系了部分采访对象，了解了发射基地的许多情况，为18日正式开始的报道做准备。

2. 非可预见性的报道策划

有重要社会影响的突发性事件，往往是报道者和受众始料不及的，具有强烈的新闻性，采编人员较难进行事前的策划，多对事件进行后续的跟踪报道。此类新闻的报道对采编人员的临场应变能力和综合能力是一大考验。

对于突发事件报道既要考虑政治因素，又要重视满足受众需求，而且是在时间非常紧迫的情况下进行决策和组织报道，难度非常大。突发性事件发生后，各大媒体都会迅速投入报道力量，抢占有利的报道时机。如"9·11"事件发生后，美国有179份报纸在当天出版了号外。突发性事件也是检验媒体快速反应机制的标准之一。为了提高对突发性新闻事件报道的时效性，很多媒体纷纷成立专门的部门，应对突发性事件。

（二）根据报道策划的运行方式划分——独立型策划、非独立型策划

1. 独立型报道策划

独立型报道策划指的是报道策划活动单独进行，和其他策划活动无关。这种报道策划活动的参与者一般只由采编部门的人员组成，策划人员只策划新闻事件的报道活动，报道者不介入到报道客体中。这时，新闻媒介扮演的是事件的旁观者、记录者，站在第三者的角度上对新闻事件、事物和人物等报道客体进行客观报道，尽量不掺入主观因素。

2. 非独立型报道策划

报道策划与其他策划活动有关联，并相互间发生作用。如策划各种公益救助活动，策划宣传媒体的公关活动，新闻报道者既是"报道者"，又是"当事人"，新闻报道策划与活动的策划、组织相互配合进行。

二、新闻报道策划与组织的流程

从新闻报道策划与组织操作的过程来看，大致可以划分为三个阶段①。

（一）选题与预备阶段

对可以提前知道的新闻事件或活动的报道，策划时间相对宽裕，可以从容进行，但对不可能事先预见的突发性事件的报道，策划必须争分夺秒。从发现新闻报道线索、确定报道选题到收集与分析材料，确定报道效果目标，这是报道策划第一阶段。

---

① 蔡雯，等. 新闻编辑学 [M]. 北京：中国人民大学出版社，2014：87.

（二）方案设计阶段

根据报道选题与报道效果目标，对报道的规模与重点、报道进程、报道结构与方式、报道的组织机制等进行规划设计，最终形成系统的报道设计方案。这是报道策划的核心阶段。

（三）报道实施与调控阶段

从报道策划方案实施一直到报道结束，不断接受反馈，根据情况不断修正方案。这是报道策划与报道实施齐头并进的阶段。

三、新闻报道策划的选题决策

（一）发现新闻线索与确立报道目标

新闻报道选题策划，是新闻报道策划的重要内容之一，也是报道策划的第一步。面对众多客观事实，媒介着重报道什么，哪些需要策划，这需要分析、判断与选择，这就是选题决策。即便是值得报道的新闻线索，也并非都需要开展策划，需要策划的只是那些内容重要、意义重大，且应该进行由表及里的深度报道，或者由此及彼的广度报道的新闻，这种报道往往不是一两篇稿件就能完成的，也不是一两个记者单枪匹马所能胜任的，而是需要精心筹划，多方合作。①

一旦发现值得进行新闻策划的新闻线索后，策划者首先要围绕着这一线索广泛收集各类信息。

报道客体的信息，包括事件背景情况、目前进展态势、各方反应、分析预测、与此事件有关的其他事件及人物情况、历史上类似事件的情况、其他地区类似事件情况。

报道接受者的信息，包括受众对新闻线索是否了解、获知需求点、

---

① 蔡雯，等. 新闻编辑学［M］. 北京：中国人民大学出版社，2014：93.

已知事件的受众反应、有关专家对事态发展的分析预测、有关领导者对事件的态度和对策等。

报道竞争者的信息，包括报道方案、报道规模、报道方式等。

一些新闻媒介甚至有专门人员从事信息收集与分析的工作，并且在管理机制上形成制度。同时确定报道效果目标，即报道者根据前期所掌握的信息，在对报道可能取得的社会效果的预测的基础上确定所希望达到的目标。

（二）报道选题决策的共性规律

报道策划的对象必须是客观存在的事实，可以以新近发生的事件为线索。报道选题决策中客观事实的新闻价值成为选题的重要标准。编辑对新闻价值的判断主要以新闻事实发生时间的新近性、有助于消除受众认识的不确定性、社会影响力、事实发生地与受众的距离、对受众兴趣的激发力等为标准，这是将"以事实为本"作为选题标准。具体来说，以客体事实属性为选题标准包括时效性、新鲜性、重要性、接近性、显著性、反常性、冲突性、趣味性等，这些也是新闻的卖点。

时效性。狭义的时效性指"新闻发生的时间"距离"该新闻被报道的时间"的长短；从广义上说，时效性指作者是否最早获取线索、最早进行价值判断以及最早介入采访、写作和传播。① 特别是移动互联网占据主流传播的今天，出版周期从日、时加速为秒，让选题的时效性变得更为重要。

新鲜性。一是时间上新，时效快；二是内容上新，变动大，事件第一次发生，或达到最高程度，或事件发展的最新状态等，呈现出与众不同的特色，会给受众以新鲜感；三是空间上广，范围大。

---

① 吴晨光. 超越门户：搜狐新媒体操作手册 [M]. 北京：中国人民大学出版社，2015：14.

　　比如，有一个大学生在校期间就获得了一项科技发明专利，并且有一家公司愿意为他提供资金，让他去创办企业。如果说这个事情是该校历史上没有的，那就有新闻价值，如果这个城市从没有发生过这种事情，那人们对它就有极大的兴趣，这条新闻甚至可以成为当地报纸的头版头条。如果说去年该校就有一个这样的事例，或者这种事例已经发生过好几次了，那么它的新鲜性就少了，报道的价值就下降了，报道的篇幅和地位也就下降了。

　　重要性。新闻所报道的人物或事件能在受众中产生影响。重要的信息是最有参考价值的，也是受众最感兴趣的。一是影响多少人，有多大范围的受众关心；二是影响了什么人，影响7个普通人与影响7位科学家的新闻当然有差别；三是影响的程度有多深，新闻报道与受众的利益或兴趣有多深的联系，影响人的生命还是只影响人的利益。比如同一天发生两起事件：一是高铁追尾，造成数十人死亡，几十个高铁班次延迟或取消；二是股灾，股市大跌8%，上千只股票跌停，数千万股民的财富平均损失上万元。从影响程度来看，高铁追尾涉及到人的生命，而股票只是影响到财产暂时的损失，因此高铁追尾影响程度更深；从涉及的范围来看，虽然高铁追尾相比股灾受影响的人数少，但高铁追尾造成的心理阴影，使得旅客对高铁这种交通方式的安全性产生疑虑，因此潜在影响的人数比股灾更多，范围更广。

　　接近性。包括空间距离的接近和心理距离的接近。所谓接近性，是指新闻事实在地理或心理等方面与接受者的关联程度，其关联程度愈高，受众越关心注意，新闻价值就越大，反之则越小。

　　显著性。新闻中的要素如人物、地点、事件越著名，越能在社会上引起轰动。如，首都的关注度大于省会，省会大于地级市，地级市大于县城。一些并不知名的地方，会因发生过重大事件而变得备受关注，如汶川、瓮安、阜阳、衡阳等。地点的显著性可用于新闻的包装，尤其是标题上。

冲突性。新闻中出现的矛盾越激烈，越吸引眼球。包括人与人的冲突，党派之间的冲突，种族、民族之间的冲突（如南非种族隔离），国与国之间的冲突（如中美贸易战）。报道会议中的争论、辩论也是冲突。

趣味性。一是有意思、好玩的选题，符合阅读的特性；二是新闻故事性强，人情味浓。这些都会激发人的兴趣。

社会情绪。这是自媒体寻找选题时特别需要注意的一点。为什么很多选题看似不起眼，却能在网上形成刷屏效应？因为它代表了一种情绪，情绪的背后，则是中国社会现状在网络上的深刻反映。① 媒体利用社会情绪寻找选题，追求十万加爆文，无可厚非。但切忌炒作公众情绪，更不能编造谣言营造负面情绪。

【经典案例 2-1】

请将下列新闻从一家省会城市日报的选稿角度，按传播价值的大小排序：

①全市中小学暑假结束，今天新学期开学；

②市政府今天召开专题会，针对猪肉市场价格上涨幅度过大的不正常情况，出台五条措施控制猪肉零售价；

③国家质监局今天公布月饼抽检结果：100 家产品 79 种不合格，本市 1 种产品上黑榜；

④伊拉克今发生两起"人体炸弹"爆炸事件，死 3 人重伤 8 人；

⑤湖南旅游胜地凤凰古城一座在建大桥今垮塌，死 36 人失踪

---

① 吴晨光. 自媒体之道［M］. 北京：中国人民大学出版社，2018：8.

23人；

⑥日本大阪今天发生6级地震；

⑦外地进北京车辆明天起按车牌尾号实行单双号通行限制；

⑧来自西伯利亚一股强冷空气的前锋已抵达黄河以北地区，今起影响本市，日平均气温可能下降10℃；

⑨本市和平大道胜利街路口发生车辆碰撞事故，一辆桑塔纳出租车追尾一辆别克轿车，桑塔纳前灯撞坏，前保险杠变形；

⑩中国证监会颁布《公司债券发行试点办法》，为企业打开一条低成本召融资渠道。

按传播价值的大小排序：

⑤湖南旅游胜地凤凰古城一座在建大桥今天垮塌，死36人失踪23人；（新鲜反常、重要、显著、扩展、及时）

②市政府今天召开专题会，针对猪肉市场价格上涨幅度过大的不正常情况，出台五条措施控制猪肉零售价；（新鲜、重要、接近、及时）

③国家质监局今天公布月饼抽检结果：100家产品79种不合格，本市1种产品上黑榜；（新鲜反常、重要、接近、及时）

⑧来自西伯利亚一股强冷空气的前锋已抵达黄河以北地区，今起影响本市，日平均气温可能下降10℃；（重要、接近、及时）

⑩中国证监会颁布《公司债券发行试点办法》，为企业打开一条低成本召融资渠道；（新鲜、重要）

⑦外地进北京车辆明天起按车牌尾号实行单双号通行限制；（新鲜、重要、及时）

①全市中小学暑假结束，今天新学期开学；（及时、接近）

⑥日本大阪发生6级地震；（重要）

④伊拉克今发生两起"人体炸弹"爆炸事件，死3人重伤8人；

（重要）

⑨本市和平大道胜利街路口发生车辆碰撞事故，一辆桑塔纳出租车追尾一辆别克轿车，桑塔纳前灯撞坏，前保险杠变形。（接近）

【评析】

判断一则新闻的传播价值大小，要权衡九大因素：

一是影响多少人，影响的人越多传播价值越高（重要）；

二是事件结果涉及范围多大，越广越值得传播（重要）；

三是事实现状的变动程度多强，越强新闻价值越高（新鲜）；

四是事件时间距离多近，越及时新闻性越强（时效）；

五是事件空间有多远，离得越近传播价值越大（接近）；

六是事件涉及的人物、地点的著名程度（显著）；

七是事件本身扩展性，正在进行中的事比已经结束的事有悬念（扩展）；

八是事件本身所包含的趣味性、人情味，越离奇曲折，越有人情味，传播价值越大（趣味）；

九是事件价值的丰富性，所含价值因素越多样越好。

重要性、新鲜性、时效性、接近性、显著性是最重要的新闻价值要素，湖南旅游胜地凤凰古城在建大桥发生垮塌事故是新闻价值最大的事件，原因在于事件涉及到人的生命安全，且背后可能隐藏的贪腐、工程质量等问题，具有重要性；在建大桥垮塌又具有新鲜反常性；此事件还在进行中，发展过程中可能不断有新情况出现，具有扩展性；凤凰古城是全国旅游胜地，游客众多，具有显著性；事件包含多种价值要素，具有价值元素的丰富性。综合来看，该事件的新闻价值最大。

（三）报道选题决策的个性化

1. 根据传播主体找角度

根据传播主体的差异，找到最合适自身的报道选题及报道角度。具体包括媒介定位差异、功能差异、所处环境差异、内部条件差异等。①

传播主体需要衡量自己是否具备完成某一新闻报道任务的各方面条件，这也是媒介进行报道选题要考虑的要素。一是该选题是否与媒介定位相符，有些选题即使具有很大的新闻价值，但不是目标受众所需要的，也只能放弃。二是主体是否具备展开报道的外部条件，比如法律、政策、社会道德观念及文化传统是否允许报道这样的新闻事实。三是内部条件，如内容生产者的人力、物力、财力等"硬件"以及对策划选题的资源掌握情况等"软件"，是否有条件来展开报道。

2. 根据受众的差异性和受众需求的差异性，寻找最合适的选题与角度

不同的媒介拥有不同的受众群体，受众的差异性导致其对传播的要求与期待不同。如对新闻事实的重要性、接近性的鉴别，都是以自己所在媒介的受众为参照系的。发生在本地的灾难性事件比发生在外地的同类事件对本地市民来说更有新闻价值。

受众的需求也是报道策划选题的重要标准，报道策划要选择那些能吸引受众注意力、能调动受众接收欲望的选题。这既可以是和受众切身利益关系重大的民生问题，也可以是和受众直接关系不大、但他们关心的重大社会问题。受众对新闻信息的分类很简单：有用还是没有用；好看还是不好看。因此，以媒介受众的信息需求为依据，报道什么、如何报道，都要根据受众的需要进行选择和设计。

---

① 蔡雯，等. 新闻编辑学［M］. 北京：中国人民大学出版社，2014：95.

（四）真正需要进行重点报道与策划的几类选题

媒介策划的选题，须同时满足客观存在的事实、受众的信息需求和媒体自身条件这三个条件，这三者交叉部分的选题是理想的选题。但三者重叠部分之外的内容并非完全没有价值。真正需要进行报道策划的选题只是报道选题的一部分，包括以下几类。

一是可以预知的、有重大社会影响的活动和事件性或非事件性新闻；二是非可预见、有重大社会影响的突发性事件；三是媒介自己设立的重要问题性报道、活动性报道。

三类选题的共同特点：选题本身的潜在社会影响力及其内容的复杂性决定了报道不能停留在简单肤浅的层次上，而必须对报道客体进行充分的挖掘、展示和分析，以多个稿件在空间和时间上的组合，使受众从多种角度、多个层面上了解事物的全貌和本质。[1]

四、新闻报道的方案设计

在新闻报道策划中，形成报道方案是策划活动的核心环节。新闻报道方案是新闻报道思路系统化、具体化的产物，它将报道思路中的细节有条理地表达出来。新闻报道方案最终要细化形成文字稿，即新闻报道策划书，并向所有参与报道的人员公布并实施。[2] 一个成熟的报道方案应包括以下几方面的内容。

（一）明确报道目标与任务

对于新闻工作者而言，对报道目标与任务的描述就是对于报道工作的全貌描述。为什么要进行本次报道策划，策划的意图和目的是什么，策划书首先应该用简明扼要的文字对此加以说明，以便使所有参与报道

---

① 蔡雯，等. 新闻编辑学 [M]. 北京：中国人民大学出版社，2014：95.
② 庞亮. 新闻报道策划 [J]. 北京：中国广播电视出版社，2009：80.

的人目标明确，因为参与策划的是少数人，大多数人属于报道策划执行者，只有把策划意图和目的阐释清楚，才能提高认识，统一思想，确保策划方案顺利实施。

（二）确定报道范围与重点

报道范围是全部报道客体的组合，规定了报道对象是哪些人和事，报道面有多大。报道重点是报道客体中最重要的部分，规定了报道的核心人物或核心事件或核心问题，须要报道者投入较多力量，在媒体上也要予以突出表现。[①]

（三）规定报道规模与进程

报道规模是报道的时间、空间与人力三方面因素组合的概念，即报道在媒介上持续进行多少时间、占据多少节目时间或栏目空间、动用多少采编力量。报道进程是指报道全过程中时段的分割和安排，规定报道分多少阶段进行、何时开头、何时推进与扩展、何时结束，以及各阶段之间如何转接。

（四）确定报道分工与制订发稿计划

报道分工是基于目标与任务的需要，把采访对象和采访内容分配并落实到每一个相关人员身上，并提出注意事项，报道分工的策划最终形成任务人表和日程表。任务人表有利于任务人明确职责，也便于策划组织者对任务人进行必要的解释和督促，保证报道活动顺利开展。日程表主要用于时间的安排控制，一般以时间进度表（倒计时）的方式来表现。时间的安排要合理，如前面的时间进度安排紧凑，后面据时间来调整。

发稿计划是报道进程中各阶段播出新闻稿件的统筹规划，包括确定

---

① 蔡雯，等. 新闻编辑学［M］. 北京：中国人民大学出版社，2014：101.

每条稿件的题目、内容、体裁和篇幅，确定稿件播出的次序与具体时间，确定每篇稿件在版面、屏幕或节目中的位置。发稿计划是对报道规模与报道进程的具体落实。

【经典案例2-2】

"踢爆黑诊所"系列报道

从2004年8月27日开始，深圳《晶报》用近半个月的时间，连续用29个版推出"踢爆黑诊所"的系列报道。关于黑诊所的报道很多，但报道基本上停留在点上，即以发生在黑诊所里的形形色色的医疗事故为主，而对于黑诊所屡禁不绝、越来越多、越来越乱的现象及其深层次的原因等，一直很少触及。单个的相类似的事件报道多了，报道的影响力就会下降，在受众中的反响也越来越淡，因此《晶报》决定做黑诊所专题后，在制订报道方案时决定避开单个事件，转而将着力点放在深挖黑诊所屡禁不绝的根源上，并以此为突破口，通过全景式、立体化、多侧面的连续性报道，对深圳市有关部门对黑诊所以及整个医疗市场的管理模式、资源配置等进行反思。

思路有了，但整个系列报道的开局颇费心思。开篇很重要，因为开篇开好了，在社会上引起强烈反响，读者就会提供更多的线索，丰富报社的视野及思路，为后续报道的进一步深入打好基础。决定第一轮推出6个版，首先对深圳黑诊所的现状、危害、原因、出路等做一次全方位的报道。

编辑部的思路及判断如下：一是以足够多的版面、足够多的信息和内幕强势推出，必须在读者中引起反响，本报报料热线将会接到许多读者来电（同时在深圳新闻网上挂出帖子，让网民积极讨论），从事件和内幕方面继续深入报道黑诊所的危害及泛滥的原因；二是黑诊所的出路，如何来治理黑诊所；三是有关部门的打击情况，重点是围绕着黑诊所的产生根源做文章，一步步把报道引向深入。然后，再通过采访人大代表、政协委员及社会各界人士，就黑诊所的整治、规范管理及医疗市场的开放畅所欲言。最后，市政府主管部门表态，从而结束整组报道。

从报道的实际效果上来看，第一组报道达到了目的。第一、二天的报道推出后，报料热线当天就接到近百个有关黑诊所内容的报料电话，为报纸后来的跟踪及后续报道的顺利展开提供了足够的素材。每天将报料进行归类，召集采访小组成员碰头，根据最新的线索，确定当天的报道重点，然后分头出击。有关办证黑幕、假药流进黑诊所、药店开诊所、管理体制滞后等重头报道纷纷推出。

随着报道不断深入，黑诊所问题的焦点越来越集中在办证、审批这个环节以及如何开放医疗市场上，而且涉及许多不为人知的内幕。人大代表、政府官员以及社会各界人士纷纷发表看法，但作为主管部门的市卫生局迟迟不肯表态，对记者的采访也拒之门外，导致报道中断一个多星期。几番周折，整组报道最后以卫生局一位处长接受记者采访结束，表面上看这组报道算是有个交代。实际上，如果按正常的事态发展及报道进程，推出的是两个版的质问卫生局的报道（内容包括艰难的采访、八问卫生局、报道回顾及评论），如果顺利推出，所引发的冲击波更大。①

【评析】

该策划在报道重点、报道进程、报道形式等几方面做得比较好。一是突破表面现象，深入问题症结。即把重点放在深挖黑诊所屡禁不绝的

① 陈寅. 非常新闻策划大道［M］. 深圳：海天出版社，2004：219.

根源上，并以此为突破口对黑诊所以及整个深圳医疗市场的管理模式、资源配置等进行反思。二是对报道的未来走向进行准确的预判。三是报道体裁和报道形式多种多样。为了确保第一组报道能在社会上引起反响，具体报道方式上尽量根据不同的内容安排不同的报道形式，如黑诊所的现状及危害，安排热线记者通过暗访的方式进行现场报道，对于原因的探讨则通过记者调查的方式进行报道，对于出路则通过访谈或对话的形式进行。报道形式多种多样，读者读起来不觉得累。

（五）设计报道结构

设计报道结构，即安排报道各组成部分相互之间的关系及组合排列所呈现的外在形式。报道结构包括线型结构、放射型结构、收束型结构和网状结构。

线型结构模式。选择某一个角度切入，对客体发展变化进行追踪反映，直至客体变动告一段落。报道依时间延续表现出单向性的、直线型的发展轨迹。

放射型结构模式。选择某一角度切入某一客体，对这一客体的发展变化进行跟踪反映。随着报道进展，拓展报道客体，转向对更多相关客体的反映，报道依时间延续呈现出由线到面的放射状特色。

收束型结构模式。从多个客体切入，以多种事实的变动指向某一共同的主题，使这一主题得到深入挖掘和充分展示，报道随时间延续表现出由面到线或点的特色。

网状结构模式。从多个客体、多种角度切入，报道随时间延续或追踪，或拓展，或沿着客体各自的方向发展，表现出相互烘托、交错递进的特色。①

比如某地发生一起小孩被狗咬、注射狂犬疫苗后死亡的事件。记者追踪此事件，报道医院的救治过程、医院的调查结果、警方的调查、家属与医院的纠纷，依时间先后事件出现的变动来进行报道，具备线型的特点，这是线性结构模式。在追踪该事件发展的过程中，发现有更多类似事件发生，扩展报道面，转向对更多事件的报道，并分析原因，提供相关意见和建议，呈现从线到面的特点，这是放射型结构。如果一开始就全面地报道各地发生的注射狂犬疫苗死亡事件，随着对事件调查的进展，矛头指向狂犬疫苗本身的生产、管理问题，围绕着狂犬疫苗的生产和监管进行深入的分析调查，这是由面到线或点的特点，属于收束型结构模式。而一开始就全面地报道各地发生的注射狂犬疫苗死亡事件，一方面追踪事件，另一方面展开对原因、影响、措施等方面的报道，或拓展，或追踪，既有线性的时间性，又有横向的拓展性，这是网状结构模式的特点。

从报道客体来说，线型结构适合报道比较简单、单一的事情或突发性事件。收束型、网状结构模式适合报道比较复杂的事件或非事件性的社会现象与问题。从报道主体来说，报道者准备充分、材料充实，可采取收束型、网状结构，否则适合采取线型、放射型结构。

（六）设计报道方式

报道方式是指将零散的新闻稿件整合为报道整体的操作模式，新闻编辑运用某种手法组织若干相关报道，使之形成具有一定报道规模或持续一定时间的报道整体。

---

① 蔡雯，等. 新闻编辑学［M］. 北京：中国人民大学出版社，2014：103.

1. 以编辑组织安排稿件的特点划分的报道方式

（1）集中报道。集中报道是指在短期内把对某一事件或某一主题的多篇稿件集中在一定的版面和刊期，大规模地发表。

集中报道可以形成较大的声势和影响，可以造成舆论强势，使人们不由自主地关注某一事件。媒体可以通过集中报道发挥议程设置的功能，这类报道方式经常用于一些重大活动、重大事件、重大问题的报道。比如2008年北京奥运会，几乎所有报纸都拿出了大块版面组织报道，将多种文体的稿件、大幅新闻照片集中在一起，蔚为壮观。集中报道的主要特点在于集中版面的安排和利用，在版面编排确定了以后，稿件怎样组合可以灵活安排。

（2）系列报道。系列报道是围绕一个事件或主题，从事物的不同方面展开的报道。

【经典案例2-3】

《南方日报》曾推出"穷广东"系列报道，包括《教育落后——地上有金子，他们也看不见》《因病致贫——病倒一个人，就塌下一个家》《交通闭塞——路太烂，干什么都白干！》《开发困境——他们靠山，却没山吃》《穷山恶水——石缝生存》《老无所依——风烛残年，怎予关怀》《农村金融——缺"金"的金坑村》《穷广东论》八篇报道。

真实呈现贫困图谱，助力建设共同富裕
本报今推《"穷广东"调查》系列报道

南方日报讯（记者/徐剑桥）广东的经济总量连续多年雄居全国第一，在公众认知中，广东似乎离"贫困"相去甚远。但辉煌的表象背后，广东区域发展不平衡和贫富差距较大问题仍十分突出，制约着广东科学发展。

省委书记汪洋今年 3 月底在河源调研扶贫开发工作时就反复强调："全国最富的地方在广东，最穷的地方也在广东。到现在这个发展阶段，最穷的地方还在广东，这是广东之耻，是先富地区之耻。因此，必须坚决打好缩小贫富差距这场硬仗。"

去年以来，广东启动了扶贫开发"规划到户、责任到人"重大战略，提出用 3 年时间，对粤东西北欠发达地区 14 个地级市和恩平市等 83 个县（市、区）的贫困村，采取"一村一策、一户一法"等综合扶贫措施，使被帮扶的贫困村基本改变落后面貌。

过去的一年多改变了什么？未来的一年多又能改变什么？

3 月份以来，本报派出 7 路记者，前往粤东西北和珠三角 7 个不同类型的贫困村进行驻村采访，试图从一个村的变迁，反映广东为破解制约科学发展难题所做的努力。

我们所采访的也许只是广东贫困村的个案，但我们努力将观察维度置于造成贫困的历史、自然、观念等原因的纵深分析中，着眼围绕经济、生态、教育等多个层面进行调查，既反映真实的贫困状态，也注重扶贫开发的建设性。我们试图通过记者的脚步行走和社会学踏访，真实呈现广东的贫困图谱，告诉读者一个真实的广东，进而推动全社会力量参与扶贫开发，建设共同富裕的广东。

地上有金子，他们也看不见

编者按：粤西雷州有个东塘村。多年来，出去打工有多少人，回来就有多少人。他们说，这是一个走不出的怪圈。

东塘村共有 908 户 3957 人，处于贫困线以下的有 468 户 2021 人，贫困率超过 51%。按世界银行统计，30 年前中国的整体贫困率约为

53%。也就是说，这里的生活水平还停留在20世纪80年代！

在这片贫瘠的土地上，村支书王南干了整整13年。直到去年，他才在两个弟弟的帮助下，告别茅草屋，盖上红砖房。

贫困，为什么会一直在这个小村庄停留衍生？

■ "要地没地、要粮没粮"，贫困率超过51%，村干部说，这里是雷州的"撒哈拉"。

■尽管"小升初"入学率达到100%，但由于入学晚，16岁才上初中的比比皆是。

■教育多年投入不足，300多人的学校没有围墙和厕所，要方便只能到附近树林。

……

输在起跑线上

教育多年投入不足，全校13个老师，一人一张课桌，同在一个教室里办公

10多年前，东塘人郑梦翱考上了华南师范大学音乐系，这让他彻底摆脱了贫穷命，但他只是村中极少数的幸运儿。"我们输在起跑线上。"40岁的郑梦翱很感慨，他儿时的伙伴，如今都成了村中压力最大的人——守着一亩三分田，上有老，下有小。

他们的"不幸"，背后是东塘教育的命途多舛。

东塘唯一一所学校东塘小学，直到两年前才进入"水泥时代"。2008年，经过3年争取，东塘小学终于获得"革命老区捐款30万元"，于当年建成一栋308平方米的新教学楼。

这座两层的水泥房，终于结束了东塘小学瓦屋的历史——虽然到现在，学生仍没有"正式"厕所。

一间砌了墙没封顶的露天房，伫立在学校旁。学生在里面小便后，尿液通通流入农田。

要大便，学生就只能到距学校近百米的树林解决。但也仅限于晴天，一下雨就只好硬憋。

时间一久，树林里大便太多，"不能入，一不小心就踩着"，校长郑景豪说，现在只要有东西遮着，学生就会就地解决。以前，高年级的女生还会害羞，现在早已习惯。

学生教室解决了，老师却一直在期待。

全校 13 个老师，像学生一样，一人一张课桌，困在一个教室里办公。整所学校没有一间教师宿舍，外地教师只能入住危房，近邻教师只能靠"走教"开展工作。

让郑景豪颇感欣慰的是，老师有自己的厕所，不足 6 平方米，由危房改建而成，但毕竟避免了不少尴尬。

学校全部经济来源，仅限于财政拨款的教育经费，每生每学期 144 元，合计 4 万余元。扣除教师教材费、学生测试卷等费用后，余下的钱只能"一分当两分用"。

课余，全员参与，圆柱体、圆规这些教学用具，都出自东塘小学 13 位教师之手。

一次，老师用自制圆规在黑板上画出一个圆，同学们却说像"鸡蛋"；而上数学课用自制量角器时，数学老师每次量的度数都"不太一样"。

没有运动场，没有计算机室、语音室，其实东塘小学连围墙都没有，301 个孩子的安全比考试成绩更让校长郑景豪担心。

郑景豪说，他们的教学质量和大城市存在巨大"鸿沟"。他更忧虑的是，"鸿沟"两端的孩子迟早会在同一天平上一比高下。

■扶贫攻坚进行时

稳定脱贫·2500 元

产业扶持·20 万元

教育基金·18 万元

危房改造·22 万元

技能培训·198 人

……

■驻村手记

扶贫先扶智

东塘村走出去的女人，干活持家个个是把好手，但能者多劳，她们也承受了常人想象不到的压力，很多人因此精神失常。在村里一周时间，记者见到超过 10 位"疯子"，其中以中年妇女居多，她们大多没文化、不识字。

驻村的几天，村支书王南多次彻夜未归。他说他做工作去了。一壶茶，一杆水烟，无数个这样的夜晚，他都苦口婆心地劝不肯结扎的村民："多生一个，首先是多一张吃饭的嘴，然后才是一双干活的手。"

不管是"疯子"还是"超生"，正如村干部说的："一切源于村民文化素质不高。"

广东省扶贫开发办公室业务处处长介绍，贫困人口中文盲率为 48.5%，连字都不认识，更别提掌握技术技能。

由于教学条件差、教师待遇低，真正能驻扎农村投身教育的人凤毛麟角。投入不足，缺乏好老师，贫困家庭的孩子想要改变命运，举步维艰。

听不懂普通话而守着贫困的东塘村，也许只是一个极端的缩影。在广东，甚至全国，因贫失学，又因失学造成劳动力素质不高进而成为新一代贫困人口的情况不在少数。

　　2007 年，刚到广东上任不久的汪洋书记，在连南考察大坪镇大古坳小学时，看到小学生普通话说得不流利，他语重心长地对老师和孩子们说："学好普通话是孩子们走出大山的第一步，是改变他们命运的第一步，也是摆脱山区贫困面貌的第一步。"

　　对于这些贫困家庭和他们的孩子，接济衣物、粮食和解决住房等，也许能果腹暖身，但只是除一时之困，并非长久之计。

　　扶贫须先扶智。东塘人其实知道，要想富，得走出去；要想走出去，要多读几年书。学好普通话，提高文化素质，才能在"人"这个问题上确保扶贫效果。

　　目前，全省派出大量支教教师"智力输出"至贫困地区，并筹集专项资金帮助贫困学生复学。对于有一定文化基础的劳动力，有关部门通过劳务扶贫，在对口帮扶地设立扶贫开发劳动力培训地，推荐贫困农民外出务工并初见成效。

　　智力扶贫的大幕正在徐徐拉开。

（徐滔，南方日报，2010-05-24）

【评析】

　　该策划的成功之处在于：

　　一是选题好，围绕政府中心工作，立意深远，立足大量数据，在细节和事实的基础上大胆提炼出"穷广东"概念，令人耳目一新，也发人深思。

　　二是多层面、多角度问诊广东农村贫困成因，重点突出，层次分明。从教育、医疗、交通、资源、养老、金融等不同方面，展现致贫原因，条理分明既承认贫困是一个矛盾综合体，又根据不同村庄的特点梳理出该村致贫的关键原因。一个地方的贫困往往有其特殊性，众多致贫因素中总会有主要矛盾。关注贫困复杂性的同时探究贫困的独特性，聚焦贫困村的致贫主要矛盾，这样做的好处有三个：避免稿件同质化；增强采编的针对性，从另一个角度看，也是将多种贫困原因用不同的事例（即不同的贫困村）加以阐释，更加符合主题；大大增强了稿件可读性和传播效果。

三是采访扎实，以类似田野调查的方式，最大限度获取第一手真实材料，如实反映现状。记者没有简单拿材料、听介绍，而是深入农村，以自己的职业精神取得对方信任，与村民同吃同住甚至同劳动一周时间，才获得大量生动翔实的细节。

四是有破有立，既警示贫困问题严重性，又让人看到希望。报道通过"扶贫攻坚进行时"和"驻村手记"两个栏目的设置，将整组报道最后落脚于"如何脱贫"，并深入详细介绍广东为改变这些贫困村落后现状所付出的不懈努力。这说明报道并非单纯揭伤疤，也是建设性的批评。①

（3）连续报道。连续报道是指随着事件或问题的发展变化或深入转折，连续及时地做出反应和报道，以反映其全过程和全貌。

有些事件不是一次报道完就结束的，当它有了新的变化和进展，读者又迫切想要了解，记者就必须进行追踪采访，及时报道每一个新变化，这样才能使报道善始善终，满足读者的需求。连续报道一般用于持续一段时间的事件性新闻，这种报道方式具有完整感，能充分展现事件发展变化的整个过程。在连续报道的过程中也可以根据事件发展的方向和受众关心、感兴趣的问题及时调整报道方向和策略，具有机动灵活

---

① 杨兴锋. 南方报业采编经典案例（第一辑）［M］. 广州：南方日报出版社，2011：152.

性。由于连续报道所具有的这些特点，读者通常对这种报道形式具有一种参与感。连续报道比较常见于追踪某一新闻事件或某一新闻现象，透彻分析某一新闻热点。

连续报道与系列报道有何不同？连续报道的定义是对正在发生并持续发展的新闻事件在一段时间内进行多次、连续的报道。其特点有二：一是以时间为顺序，随着事件的发生、发展的进程而展开，各篇报道之间的顺序不能任意变动，一旦变动，就不明白了；二是在事态进展过程中进行报道，属于"现在进行时"。每篇报道连接起来，记录了事态发展的全过程。从事态发生到追踪、跟踪一直到结束，应是有头有尾、完整无缺的事态主体的全部。系列报道的定义为围绕同一主题从不同侧面、不同角度做多次、成组的报道。关键词是：同主题、多侧面、多次报道。因此，连续报道与系列报道的不同体现在以下三点。

一是题材选择的差异。连续报道多为事件性新闻，特别是那些突发性的重大灾难事件的报道，跟踪报道事态本身连续不断的变化。系列报道的题材大多为典型经验报道和反映各方面成就等非事件性新闻的报道，着重于多次报道事物的某种现象，挖掘其共性，发掘其普遍意义，用多次报道来突出主题。

二是报道序列的差异。连续报道是以时间顺序为线索，对正在发生的新闻事件所做的及时而又持续的报道，如同接力赛跑一样，接力棒一棒一棒地传递下去，直到比赛终点，从发生到结果追踪事态发展，不可乱排序。系列报道是有很强计划性的报道，相对来说，在次序排列上记者、编辑有较大的主动性，各条新闻之间不存在上下连续或互为因果的关系，而是并列关系。同一主题的不同侧面，以横向联系为主的不同角度的各条新闻之间可"无序"排列。

三是传播功能的差异。连续报道选择社会上大多数人注意的、直接关系到群众切身利益的题材，系列报道注重挖掘某种共性，反映具有普遍意义的状况或趋势。连续报道多是事件性新闻，满足广大观众对事态发展最新信息的要求，要有结局，还要有思考，总结经验教训，事件不具备宣传价值，需要记者以政治敏感和新闻敏感去捕捉新闻价值与宣传价值的结合点。系列报道多是具有很强指导性的正面报道，报道本身具有极强的宣传价值。成功的系列报道十分鲜明地体现了社会主义新闻的舆论导向作用。

2. 以编辑组织报道活动的行为特点划分的报道方式

（1）组合式。组合报道是集中一组稿件反映同一时间、不同地点所发生的具有相同性、相似性或相反性的事实，也可以反映同一主题下不同门类的情况。通过具有相同性质的事件比较，可以看到人们对待同一事件的同样表现，可以起到相互映衬、烘托主题的作用，可以使人受到启迪；通过具有相反性质的事件比较，使无形的对比更鲜明，起到惩恶扬善的作用。

（2）受众参与式。指吸引受众参与报道活动。包括发动受众参与新闻采访写作活动，发动受众对报道内容展开讨论等，受众的活动与意见构成报道的主要内容。

（3）媒体介入式。指媒体直接参与报道客体，成为其中的重要角色。如媒体策划和组织社会公益活动，或媒介介入被报道事件之中，影响甚至改变事物发展轨迹，同时对该事件进行报道。

（4）媒介连动式。指媒体相互合作，联手共同开展某一报道。各媒介从自身特点与优势出发，选择角度和表现方式，形成合力，造成声势浩大的报道效果。

报道方式的选择应根据报道内容的需要而定，可以灵活多样地同时采用多种报道方式。一般说来，越是选题重要、报道规模大的报道，越需要组合运用多种报道方式。报道方式作为组织报道的手段，是一种相对抽象的概念，报道方式最终在媒体上的具体体现，就是报道的表现形式。在新闻报道中，表现形式是因报道方式的选择而确定的，一旦确定了具体的报道方式，报道的表现形式也就相应产生。

（七）报道组织与调控

新闻报道组织与调控是新闻报道策划的重要内容，包括配置报道力量，确定报道运行机制和动态调控报道。力量配置，指参与报道的人力、资金和技术设备的配置。运行机制，指为实施报道而临时建立的组织机构、工作流程及其管理制度。在制订好报道策划方案后，报道管理者须要通过组织机构设置与报道力量配置，来保证策划好的报道方案得以实施。同时在开展报道组织的过程中，报道管理者又应根据变化发展的实际情况，对报道组织做适时的、恰当的调控，从而保证报道组织的顺利进行。所有这些，都是新闻报道策划体系中不可或缺的组成部分。

1. 机构设置与力量配置

媒介管理者必须依靠一定的组织管理来实现报道策划目标，报道组织管理是与新闻报道策划并驾齐驱的贯穿报道始终的工作。新闻报道策划能否取得成功，在很大程度上取决于对报道的组织管理。报道不成功并非都是由创意与设计不足造成的，有时很好的策划方案没能取得预期效果，问题经常出现在组织管理上。

为保障新闻报道顺利进行，媒介既有常设的策划机构，也有根据完成特定策划报道的需要而临时成立的组织机构。如人民日报 2009 年专门成立了"新闻协调部"，负责全社重大报道策划。专门成立部门负责重大报道策划是人民日报对前几年经验的总结。人民日报从 2003 年开始编采分开，编采分开后很重要的一个工作是沟通和协调，成立专门的策划和协调机构有助于解决这一问题。江苏广电总台专门成立企划部，调动一些有思想、有创意的人专门从事新闻策划工作，并设立"金点子"奖，奖励创新。日常策划由企划部负责，重点策划则由企划部组织，指定专人负责，甚至邀请台外专家参与。

选题的丰富性决定了报道组织机构的多样性，为实现报道创新，组织机构设置和报道管理也不断变化和创新。新华日报为弥补条口记者分工过于明确、模糊板块新闻频漏的缺陷，成立虚拟新闻策划中心。每期策划中心为期一个多月，由每位部主任轮流担任中心主任，有权调动各部资源，全视角策划、跨部门组织指挥报道。实践证明，这种制度突破了条口限制，锻炼了策划队伍，推动了新闻策划上水平。有的媒体还采取重大主题策划项目制的方式，如新华日报在重大主题策划中还引进房地产项目公司制的形式，实行重大主题策划项目经理制。通常指令一个人牵头成立项目小组，围绕主题展开策划，任务完成后小组解散，工作表现带入最后的项目业绩考核。整个工作团队受项目主要负责人指挥，服从调配，全力协作完成。现代金报的重大报道策划也实行项目制，确立项目负责人统筹策划，并注意跨媒体合作，项目负责人授权可以调动文字、摄影和视频记者。

报道组织机构往往是为实现短期的报道目标而建立的一种临时性组织机构，因此此类机构设置宜简不宜繁，最高领导层人数不宜过多，组织层次不宜太多，否则会影响信息的传递速度和决策时效。同时在建立组织机构时，应根据报道客观环境的不同，预先对工种、岗位和发稿平台等进行周密考虑和部署，保障报道策划的顺利实施。1998年夏季，我国长江和松花江、嫩江流域发生百年未遇的特大洪灾，国内各媒体都进行了大量报道。解放军报社成立主要领导挂帅、有关部室领导参加的"抗洪抢险宣传报道协调小组"，每天研究汛情，确定重点报道选题，制订报道方案，协调前后方工作。报社派出50名编辑记者奔赴一线，将报道站点周密分布到各个重灾区。同时后方领导和编辑人员昼夜值班，24 小时收稿不间断。由于报道机构设置合理严密，解放军报推出一大批精彩报道，赢得一致好评。

在当前媒介融合趋势下，越来越多的媒体在重大新闻报道策划中通过构建传统媒体与新媒体的联动平台来进行报道组织管理。2008 年 10 月，佛山传媒集团派出联合采访组首次越洋采访美国大选，在此次美国大选报道中，佛山传媒充分利用博客快捷、即时发布、互动参与性强的优点，搭建起可以为报纸、网站、广播、电视承载、筛选、加工信息产品的跨媒介编辑平台——"佛山传媒集团访美博客"。这个跨媒介采编平台由新提交稿件（素材库）、已刊播稿件（成品库）、互动区（前后方沟通与报道调控）和背景资料（原始资料数据库）构成。这种虚拟化的编辑平台极大地缩小了新闻和信息收集与发布之间的时间差，增强了新闻的时效性。前方联合采访组第一时间将信息放在工作博客上，后方编辑团队马上可以浏览，并对前方采访组进行报道任务的分配与调控，并提供采访上的支持，使大选报道的采编流程得到优化。各类新闻素材首先发布在统一的编辑平台上，根据各媒介的介质特性进行加工整合后多平台发布，增强了传播效果，提升了媒介影响。从未来来说，在新闻报道策划中运用跨媒介编辑平台，将使新闻资源得以统一配置与共享，实现成本最小化与效益最大化，整个组织流程的调控也会更为方便。

【经典案例 2-4】

中国青年报云南鲁甸地震全媒体报道

2014 年 6 月 9 日，《中国青年报突发性事件全媒体报道应急预案

（试行）》颁布实施。该预案对选题标准、报道原则、建立突发事件报道的应急机制、四级响应程序、一般操作常规等作了明确详细的阐述，可操作性强。根据突发事件线索的不同价值，预案明确规定了四级响应程序。一级响应程序是最高级别。报社领导认为突发事件特别重大，根据事件发展可将二级响应程序提升为一级响应程序，专门成立由相关部门组成的报道小组，向前方增派记者，建立相关事件微信报道群，加大报道规模，中青在线全媒体报道专题上线，即时消息及时发中青在线和微博。美编及时制作图表在微博、网站、专题、报纸上呈现。评论部组织评论。

云南鲁甸地震烈度大，破坏性强，人员伤亡严重，事件特别重大，报社领导在地震发生当天就决定组织成立了报道小组，成为报社抗震救灾报道的指挥中枢。报道组专门建立了一个鲁甸地震报道微信群，前方记者、后方各媒体平台相关编辑（包括纸媒、网站、微博微信、客户端黔青小伙伴等各传播终端的编辑）、相关跑口记者（如联系民政部、中国红十字会、地震局、公安部、交通部、国土资源部等部门的记者）、美编和新媒体技术人员、报道组负责人和值班社领导均加入这个群。

前方记者的行踪信息、新闻线索、相关报道信息、报道提示、组稿计划等均在该群分享；选题讨论、前方记者给各数字媒体平台发送稿件、值班领导审稿及如何分发、呈现的指令等均在该群进行。有关抗震救灾的信息在这里充分流动，前方记者采访不再盲目，后方编辑组织策划有了更多的信息参考，减少了稿件的层层审核，提高了各数字媒体平台发稿的时效，作者及其他成员也可看到编后的稿件，发现差错也可及时提出，从而保证了各数字媒体平台抗震救灾报道的及时、准确。①

2. 信息反馈与报道调整

报道调控与报道组织是一个问题的两个方面，在报道组织过程中报道调控同步推进，一方面接受反馈，一方面修正方案，直至报道结束，因此报道调控也是报道组织过程中的关键部分。所谓报道调控，是指在报道进行过程中对报道效果的把握，亦即随时根据客观条件的变化调整报道规划，控制报道进展，以达到最佳的报道效果。报道调控包括接受反馈和调整报道两个基本内容。

接受反馈。由于报道方案的制订要早于新闻事实的发展进程，有一定超前性，因此策划者在按报道计划组织实施报道的过程中，常常出现策划中没有预料到的突发情况，或原先的设想可能与发展变动的事实不符，或者策划本身考虑不周，策划者必须及时根据这些变化，对报道计划作适当修正和补充。而报道调控的基础是随时了解变化了的信息，主动、全面、及时地接受各方面的反馈信息，只有这样，报道调控才能有的放矢。策划者要接受的反馈信息包括以下几个方面。

报道者的反馈。记者、通讯员和其他作者是采写报道的主力军，他们对实际情况掌握得最多最细，对报道的效果也获知最快，他们既是报道的参与者，也是媒体与社会间沟通的桥梁。一项报道能否按原计划推进，报道者的感觉往往最灵敏。而且他们身处报道第一线，对实际情况比较熟悉，常常能对报道的调整和补充提出许多真切的意见和建议。因此报道组织者应首先注意接受报道者的反馈，充分发挥他们的主动性和创造性。

---

① 吴湘韩. 融媒时代重大突发事件报道的组织与策划——以中青报云南鲁甸地震全媒体报道为例 [J]. 中国记者，2014 (9).

报道对象的反馈。被采访者、被报道者是报道的当事人，他们能否接受报道，能否给予配合，他们在报道进行过程中是否改变自己的行为和观点，都直接影响下一步报道的进行。因此在报道中了解他们的情况至关重要。事实上，在报道过程中，应被报道者要求而调整报道的情况经常发生，诸如表扬性报道，被表扬者有顾虑，要求省略某些原定的报道内容；批评性报道，被批评者提出报道内容不实，或报道中说的情况已经发生了变化；问题性报道，被采访者提出反映的问题得到一定解决，或已进一步恶化；等等。这些都是调控报道的主要依据。

受众的反馈。报道是否成功，受众的反应是一个主要的标尺。倘若报道在进行过程中没有引起受众的关注，或得到的反应不佳，这个报道就很难说有价值。因此，报道一旦开始，组织者应密切关注受众的反应，并据此随时调整报道计划。可以说，在某种程度上我们的报道调控就是为了最大限度地激发受众的热情和积极性，使其不仅成为报道的热心读者，而且成为积极的参与者。

此外，被报道者的上级、媒体的主管部门和有关领导人员经常会在报道进行过程中提出各种意见和建议，这些反馈信息也可能成为调整报道的原因。

调整报道。所谓调整报道，就是在接受各方面的信息反馈之后，根据需要对报道方案进行调整并进行新的部署和实施。调整报道主要包括以下几方面。

调整报道思路。这是对报道方案的最大调整，如改变原来的报道主题、报道范围和重心、报道方法等。由于这几乎是对原来计划的全盘否定，实际上用得不多，除非确实遇到与原来设想不符的实际情况，或遇到无法抗拒的阻力。同时这也说明最初的策划出现较大疏忽和漏洞，考虑不周到、不细致。

调整报道内容。在不变更报道思路的情况下，补充或压缩报道内容，改变原来的发稿计划。这也是在对报道计划作较大的调整。

调整报道规模。即通过延长或缩短报道的时间，增加或减少报道篇幅，提高或降低报道的版面、节目地位等方式来改变报道的阵势与力度。这种调整主要是随报道内容的调整而进行的。

调整报道形式。即变更报道的组织方式，使报道取得好的效果。各种报道形式在实际运用中并不会互相排斥，能够组合运用。在报道进行过程中调整报道形式，可以将一种报道方式变成多种报道方式，也可以从运用原定的方式变为运用新的方式。这种调整是根据报道思路的调整和报道内容的调整而进行的。

调整报道力量。即改变原定报道人员部署和资金及技术设备的配置，建立新的报道机制。这是由报道规模和报道内容的调整而做出的反应。

调整编辑态度。由于报道对象本身的变化，从而导致编辑对现实情况认识上的变化，即编辑在态度上，或从低调到高调做出调整，或从高调到低调做出调整。所谓低调，是指在报道中态度不鲜明，感情不外露，以叙事为主，不发表直接表明编辑立场的评论；所谓高调，则指在报道中鲜明表达编辑态度，感情强烈。编辑态度的调整，还表现在一种褒与贬的变化上，即或从肯定的态度转到否定的态度，或从否定的态度转到肯定的态度。[1]

【阅读材料 2-1】

以某大学大四学生李某自杀事件为背景材料，某大学生报做了一个

---

① 谭云明. 新闻编辑 [M]. 北京：中国传媒大学出版社，2008：126.

新闻报道策划方案。

大学生就业心理问题报道策划方案①

1. 报道思想

当前，大学生这一群体受到了来自家庭、社会、媒体的过多关注，为了满足来自不同阶层的社会期待，承受着沉重的心理压力。一方面，大学生普遍对大学生活的现状存在不满，日益商业化、功利化、浮躁化的社会气息侵入到本该宁静的校园，使得当前大学生精神文化日益缺失，"空虚""无聊"成了挂在嘴边的常用语，心理矛盾日益严重；另一方面，当前大学生严峻的就业现状给了他们巨大的就业压力，逃避与自责普遍存在，理想与现实的差距进一步冲击他们的心理底线。而本校此类问题更加突出。报道组坚持"关注大学生心理健康，构建和谐平安校园"的思想，利用有限的资源，以达到最佳的报道效果。

2. 报道时机

（1）大四学生正忙碌地找工作，心理矛盾突出。

（2）大四同学李某自杀。

（3）学院通过了《学生心理危机应急处理预案（试行）》，并成立"学生心理危机应急处理工作小组"。深入剖析该校大学生的心理现状，积极引导该校大学生正确面对心理问题，促成该校管理者加强对学生心理问题的重视以健全大学生心理健康体系。

3. 报道范围与重点

（1）报道范围：大学生的心理现状、存在的严重问题及解决办法，学校方面的态度、所作的努力与存在的不足。

---

① 陈卓.《新闻实务》学习辅导与习题集［M］. 济南：齐鲁书社，2007：106.

（2）报道重点：

①核心人物：从大三走向大四，面临就业压力的同学们。

②核心事件：李某自杀事件。

③核心问题：大学生应如何正确面对心理问题，采取何种正确方式解决心理问题。

4. 报道规模与进程

（1）人力：需要一个主编审稿、组稿、编排版面及指挥整个报道进程，由三个记者进行采访和写稿。一个机动记者，负责问卷调查及其整理，搜集相关媒体对此类话题的报道、材料。

（2）空间：采用五到六个版面，一期报道完。如果实际需要，将在后一期用 1/2 版，结合读者回馈进行后期评论总结。

（3）时间：总共需十天时间。前五天根据策划进行采访写稿，后五天组稿、编排、补充采访。

5. 发稿计划

所有内容以独家策划在一期同时推出，形成一股有深度、广度的报道冲击力。

（1）文字稿：

第一版（前 3/4 版）：长消息。报道李某自杀的消息以及同学、父母、老师和学校对此事的反应。突出事件的重大和突然，给周围同学及其家庭带来的影响。

第一版（后 1/4 版）和第二版（前 1/2 版）：综合消息。报道全国各高校近段时间以来由于心理问题，特别是就业心理问题而自杀的事件。以实际的事件、数据（可用表格）给读者介绍当前大学生的心理现状，让他们感受到大学生心理危机的严峻形势，唤起同学们对大学生心理健康的关注。

第二版（后1/2版）和第三版（前1/2版）：人物通讯。采访李某周围较为密切的师友、亲人所掌握的李某自杀前所遇到的心理挫折，简略回顾其成长过程中的心理状况，详细叙述李某生前面临毕业的情况，让读者对其自杀的背景、环境、心理状态有更详尽的了解。

第三版（后1/2版）：调查报告（述评）。结合我们的心理问卷调查所得出的结论进行分析评论。

第四版：新闻分析（述评）。采访校心理咨询科、校学生处就业指导中心及相关心理学专家。从专家视角、教育视角和就业视角来剖析自杀事件背后的深层次原因，深度分析当前大学生普遍遇到的心理挫折及面对挫折时产生的更为复杂的心理状态，突出心理健康的重要性。

第五版：访问记录。采访认识与不认识李某的同学（尤其是毕业班的），了解他们在就业过程中遇到心理问题时的对待方式与解决办法；采访专家、老师对学生的指导建议，提供权威的意见建议，传递积极向上的正能量。

第六版：新闻分析。针对这一事件及当前现状，采访学校部门领导，报道学校管理层对大学生心理健康的态度及采取的相关措施。报道相关师生、专家对这种防治体系的看法，并进行评论。引导学生正确利用好这些体系。

（2）图片稿：

根据版面实际，预计可发三四张有冲击力、震撼力的图片，但记者可多拍一些以供编辑选取。

6. 报道方式

本次专题策划采用系列式结合组合式报道，主要以新闻消息和新闻分析为主。以简洁精辟的论述、独到的分析评论，使整个报道向更广、更深发展。

（1）广度：不仅是大学生，各行各业的人们，不同地域的人，总有一部分人有程度不同的心理问题。

（2）角度：对于心理问题，同学们、家长、教育工作者、心理专业人士都有不同角度、不同深度的认识。此次报道力求从多角度、全方位透析大学生心理问题。

（3）深度：报道此事件以从小到大的方式报道。从李某的死扩展到对社会、对当代教育的思考，解析学生的想法与心理素质教育机制的冲突及心理素质教育机制的发展前景。

7. 报道力量的配置和运行机制的确立

由于本组人员限制，报道组坚持"相互协调，全力以赴"的指导原则，充分利用各种资源完成报道任务。具体安排如下。

（1）报道力量的配置：A. 人员配置：分为事件报道组、资料收集组、事态分析报道组、编辑组四个小组。B. 资金及技术设备配置：为做好本次专题策划，将本刊所得的大部分赞助、广告收入投入到本次独家策划报道中来。

（2）运行机制：实行编辑负责制，由于人员限制，编辑参与采访。

五、新闻报道策划的难点与对策

（一）报道时机和报道分寸的把握

1. 报道时机的把握

一项报道的发表时间，对报道产生的效果有着十分重要的影响，发表得过早或过晚都起不到预期的作用。达不到预期的效果，只有把握好报道的最佳时机才能取得良好的效果。

从目前我国报道策划对报道时机的设定与控制来看，主要有置后式、即时式和超前式三种类型。即时式，指策划者有意识地使报道时间与报道客体发生、发展的时间保持同步。置后式，指策划者主动地或被迫地延缓报道开始的时间，使报道时间与报道客体发生的时间之间有一段时差。超前式，指策划者在客体发生明显变化之前即捕捉到相关信息，进行超前报道。①

就这三类时机本身而言，即时式比较能体现新闻传播的本质特点。如果新闻媒介对应该迅速报道的新闻迟迟不予报道，社会公众对此会产生强烈不满。因此，对于大多数报道，特别是突发性事件，能快则快，一个小时、一分钟甚至一秒钟都不能耽误。

超前式和置后式则更多地体现了报道者对客体的主观认识、评价和控制，反映了报道者对时机的把控，体现出一种"用事实说话"的策略，也是考验报道者素质的重要标尺。

一是有些与政策抵触的报道不能及时推出，寻找、利用"时间差"是媒体新闻生产规避风险经常采用的方法。这种巧妙把握报道时机的方式，包括"抢"与"等"两种方式。

抢在第一时间发布新闻。重大突发事件面前，有关部门的反应需要一段时间，形成一个相对清晰明确的政策以及宣传通知的下发过程都需要时间。此时拼抢时效对于新闻生产是非常重要的。事实上，抢在第一时间发布新闻已经成了市场化之下媒体力争信息表达的重要手段。

"冷却"一段时间再报道。新闻报道要求迅速及时反映客观事实，但在媒体新闻生产中，经常会出现这种情况，在新闻事件发生当时及临近时间段内保持缄默，等事件"冷却"一段后，再进行报道。这种"冷却"后的报道有时更加客观、理智，会产生良好的传播效果。

二是对问题性报道，则要把握恰当时机，早了不行，晚了也不行。

---

① 蔡雯. 新闻报道策划与新闻资源开发 [M]. 北京：中国人民大学出版社，2004：189.

早了矛盾正处于白热化状态，问题正值扑朔迷离之时，说了可能会添乱。晚了，矛盾冰释、难题解决，这时再报道便成了"马后炮"。

南方都市报就经常对新闻进行"热新闻、冷处理"方法，热度过去之后再进行报道。如某著名玩具厂家有假冒伪劣产品面世，基于企业对地方经济利益等问题的考虑，这在平时是很难见报的，那么记者只好一直关注着这个事情，等到"六一"儿童节了，大家的关注焦点都在与儿童相关的东西上时，报社就果断出手，既应了景，也将新闻事实报道了出去，而且事实上这样应景应得还很好。

因此，新闻报道既要反映客观事实，又要通过对事实的报道说报道主体想要说的话，选择和控制报道的时机就成为"用事实说话"的一种策略。因为同一件事实，在不同的时候用来"说话"的效果是不一样的。因此，时效不应简单地理解为就是"快"，还应包含"时机恰当"这层意思。什么时候是报道的最佳时机呢？我们认为，最佳时机即是报道发挥最大新闻价值的时候。第一，时间的把握：赶早不如赶巧；第二，客观条件的把握：问题解决的条件是否具备？对策能否实现？经验能否推广？

2. 报道分寸的把握

这实际是报道策划者对于报道的纵向信息和横向信息这两个结构因素的控制，也就是对报道客体说多少、说到什么层次上，报道策划者必须根据报道效果目标的指向作出决策。如"焦点访谈"节目曾做过一个关于流浪儿童的节目《回家的路有多长》，这是一个揭露社会阴暗面的选题，如果对信息的选择不当，比如自然主义地展示流浪儿童的悲惨境遇，报道效果可能是负面的。节目制作者很慎重地对客体本身的信息、横向信息和纵向信息进行了选择，既反映流浪儿童的生活状态，又实事求是地分析了这些儿童离家出走的原因，还报道了党和政府为此所做的卓有成效的工作，使节目取得了良好的社会效果。①

对报道分寸的把握是报道策划中一项政策性、技术性很强的工作，而目前我国一些报道在这方面存在的问题却比较多。特别是问题性报道、案件报道，有时对信息的选择不当，向受众夸大社会阴暗面、渲染暴力和丑恶，引起过种种负面影响。

（二）报道结构和报道方式的选择不当问题

报道结构和报道方式的设计是报道策划中的关键点。在新闻传播活动中，因为对报道结构和报道方式选择不当，导致报道失败的情况时有发生。当然也有很多在报道结构与报道方式上成功的范例，如踢爆黑诊所和深圳爱心测验等。

在报道策划中，对报道方式的设计不当这一问题在实际工作中早已引起关注。近年来对"隐性采访""偷拍偷录""体验式报道"时有争议，争论的焦点是关于获取新闻信息的手段方面的，但从广义上说也属于新闻报道方式范畴中的问题。因为在新闻报道策划中，报道方式的具体化不可避免地要面对这些问题，比如"媒介介入式"这种报道方式，就经常需要采用"体验式采访""隐性采访"等采访方法。到目前为止，业内外人士对这些问题的看法还未能统一，赞同者有之，如认为"偷拍偷录是一定条件下的合法采访权"②"隐性采访是舆论监督的必要手段"③"体验式采访是一种富有魅力的采访""能借助鲜明、浓烈的情感体验激发受众的理性认识，产生传播效应"④。但是这样做的前

---

① 蔡雯. 新闻报道策划与新闻资源开发 [M]. 北京：中国人民大学出版社，2004：195.

② 曹瑞林. 偷拍偷录是一定条件下的合法采访权 [J]. 中国记者，1997（9）.

③ 李晨钟. 隐性采访是舆论监督的必要手段 [J]. 中国记者，1997（11）.

④ 何国璋. 体验式采访是一种富有魅力的采访 [J]. 新闻记者，1998（3）.

提是"记者偷拍偷录必须是善意的""被采访者处于公开场合"①。

反对者亦有之，如认为"大凡'体验式报道'，都是新闻策划的产物。在报道之前，便有明确的主题、详尽的报道计划，以至为整个事件设计好了结果。因此，不少'体验式报道'看似真实，其实不过是一种虚拟真实，而有的则是彻头彻尾的假事件"②。而对报道方式如果考虑不周、设计不当，的确会影响新闻传播效果，有时还会引发新闻官司。报道方式设计时对获取信息的手段本身可能引发的副作用必须防范，因为在新闻传播活动中，除非是媒介开宗明义宣告发起社会公益活动，否则对于报道客体的诱导、干涉，都可能会因为改变了客体的自然状态和发展趋势，引起受众的怀疑和反感。还有，对不能"体验"的报道选题做"体验式采访"，记者也可能会触犯法律。③

报道方式的设计，应该受到道德和法律规范的约束，根据报道选题的性质、报道效果目标的设立，在周全考虑以后再作决策。一般情况下，不应滥用"隐性采访""偷拍偷录"手段，不能不加选择地对各类情境进行"体验式报道"，只有在正常采访不能获得必需信息的情况下，如揭露对社会造成公害的犯罪行为和腐败现象时，才可考虑进行隐性采访。目前一些媒介对"体验式报道"的过于热衷也值得警惕，有法律方面的专家提醒说，"体验式报道"容易导致记者虚构身份、虚构事实和造成对他人的骚扰，在运用这种方式时应该掌握这几方面原则："采访主体不应虚构身份和事实""对采访不要勉为其难""不能干扰他

① 蔡雯. 新闻报道策划与新闻资源开发［M］. 北京：中国人民大学出版社，2004：198.
② 周也平. 体验式采访是一种富有魅力的采访［J］. 新闻记者，1998（3）.
③ 蔡雯. 新闻报道策划与新闻资源开发［M］. 北京：中国人民大学出版社，2004：199.

人的正常生活和工作""采访不得给他人造成损失"。①

（三）报道策划缺乏预见性和应变性问题

新闻报道策划与一切策划活动一样，是对未来行动的谋划和安排。策划的成功在很大程度上取决于策划者对事物未来发展变化的预见力，以及对不断发生的新情况的应变能力。无论是突发性事件，像长江流域发生特大洪水，海湾地区发生战争，还是早有安排的重大活动，像航天飞船发射试验，香港澳门回归祖国，事态的发生发展过程中都会有许多报道策划者难以预知的变数，有些报道客体甚至只能知道其开始，而无法知道其下一步情况，并且事件有可能出现多种结局。策划这样的报道，就要有多种设想和准备，像中央电视台在策划纪念中华人民共和国成立 50 周年大庆的报道时，设计方案从第一稿到最后定稿，前后修改了 12 次，而且还分析了可能发生的各种变化，制作了多份备用方案。

【经典案例 2-5】

"寻找廖厂长"专题报道
寻找廖厂长　对话吴晓波

本报记者从一篇点燃网络的帖文出发，引出一场理想主义者家国情怀的重逢

廖厂长是谁？他现在在哪里？

过去几天来，微博微信上热传著名财经作家吴晓波的一篇文章《只有廖厂长例外》。

作者回忆了 25 年前，自己和几个大学同学筹划"考察南中国"

---

① 鲍培伦. 新闻工作中的若干法律问题 [J]. 新闻记者，1998 (11).

时，被湖南娄底一位企业家资助的往事。

在作者的文章中，这名年轻的廖姓厂长与他虽只有一面之缘，但其身上闪耀的理想主义光芒，用双手呵护年轻人梦想的义举让他深深感动。

以致他在文中感慨道："在以后的生涯中，我遇到过数以千计的厂长、经理乃至'中国首富'，他们有的领导着上万人的大企业，有的日进斗金花钱如水，说到风光和有成就，这位廖厂长似乎都要差很大一截。但不知为什么，我却常常更怀念这位只缘一面的小厂长。"

很快这篇文章便点燃网络，并引发无数人的关注与转发，很多人甚至开始在网上"寻找廖厂长"。

廖厂长是谁？他现在在哪里？同样带着这样的问题，三湘都市报记者展开了寻找。

9月23日下午，在长沙，记者历经辗转终于联系上了廖厂长——现任长沙市涟源商会副会长的廖群洪，并同时连线采访到了远在杭州的吴晓波，通过与两人的对话，还原了20多年前的那段往事。

（汤霞玲等，三湘都市报，2014-09-24）

【评析】

2014年"感动中国之感动湖南"人物评选结果揭晓，其中以跨越25年的温暖故事展现理想主义和家国情怀的湖南好人"廖厂长"廖群洪荣获"感动湖南"第一名。他将代表湖南报送到央视参加CCTV 2014"感动中国"人物评选活动。中宣部发文，人民日报、新华社、光明日报、经济日报、中央人民广播电台、中央电视台、中国新闻社、中国青年报等中央媒体对廖群洪的先进事迹进行深度挖掘。从廖厂长出发，除了捕捉情义等温暖要素之外，三湘都市报的重点放在远远超越寻找行为之上的理想主义与家国情怀。

　　"理想主义"，通俗点讲是基于信仰的一种追求。有信仰、有追求的人，我们一般称之为理想主义者。社会对理想主义的宽容和容纳程度证明了其成熟程度。因此该报道题材好，是进行典型报道和主流价值观报道的好契机，有名人效应，故事性强，有悬念感，有人情味，具备吸引受众兴趣的特点，同时又蕴含很强的思想性，适合开展主流意识形态的宣传。策划周密，组织有力，从听说廖厂长、寻找廖厂长到传播廖厂长、定义廖厂长、呼唤廖厂长，影响不断扩大。找人、追踪报道廖厂长与吴晓波的情况，再转向报道众人对这一事件引发的理想主义讨论，最后促成两人会面，由两人出资200万元成立"吴晓波廖厂长青年创业基金"，促成报道的圆满结局。

　　但是对理想主义的讨论没有深入下去，发动受众参与讨论方面做得还不够，什么是理想主义，现时代的理想与过去的理想究竟有什么不同，应该如何看待理想，应该如何追求理想，在实现个人理想的过程中遇到什么挫折、困难、问题等。如果在讨论中实现与制度、文化、社会的连接，话题会更深入、持久。

第三章

节庆报道的策划

由于种种原因而产生的很多节日、假日、纪念日等不同于日常的特定时间，是人们生活中不可缺少的组成部分，由此也产生了一种特殊的报道，即节庆报道或特定日报道。

我国是一个节庆日和纪念日众多的国家。从年初到年尾，细数起来，几乎每一个月都有节日。元旦、春节、清明、五一、端午、国庆、中秋、重阳等节日已经成为我国人民生活中不可缺少的一部分。随着经济的发展、生活水平的提高，这些日子将会不断增多，越来越受人们重视。对于新闻媒体来说，这些节庆日也是弥足珍贵的报道资源，是忆往昔、看今朝、展示成就、反映变化的良好时机。同时，节日也可以折射出一个国家、一个民族的文化特征。因此，重大节庆报道能够反映出国家的经济水平、人文风貌、社会时尚、时代特征，成为媒体报道的重要组成部分。

对于媒体来说，特定日报道的内容生产属于预知性的重大选题，也是报道的由头和契机。由于特定日报道本身具有固定的时间节点，因此必须找到新的"卖点"。在一定程度上，特定日报道也反映出媒体的传播能力和水平。其报道策划的最大难点在于这些特定日是周期性重复的，如何不断推陈出新是新闻报道策划的难题。

一、节庆的三种类型

节庆是节日庆典的简称,其形式包括各种传统节日以及在新时期创立的各种节日。每逢节庆日,人们都会选择特定的主题,依照某种约定俗成的方式举行庆祝或纪念活动。在这里,我们按照节日的形成机制将节庆日划分为传统节庆、纪念性节庆和现代节庆三大类。①

(一)传统节庆

中华民族秉承五千年的悠久历史文化传统,在漫长的发展岁月中形成并延续下来诸多传统节日,是具有鲜明民族特色的分散式的集体活动。春节、元宵节、中秋节、重阳节……体现着中国人民重团聚、重家庭、重人伦的传统习俗。

(二)纪念性节庆

纪念性节庆指为了纪念某个重要的历史时刻或某些伟大的历史人物而在特定时间举行特定内容的纪念性活动。如"三八"妇女节、"五一"劳动节、"六一"儿童节、"七一"建党节、"八一"建军节、"十一"国庆节等。此类节庆的外延还可以进行拓展,某些时候虽然没有以"节"命名,但在纪念日前后,媒体还是会予以一定的版面大篇幅地进行报道。比如对纪念红军长征胜利80周年、中国抗日战争胜利70周年的报道,纪念各种英雄人物、知名人物诞生、逝世的报道。这类节日纪念性强,其中某些还饱含着浓重的政治色彩。

(三)现代节庆

现代节庆指改革开放以来各地形成的具有现代意义的节庆活动,主要有地域性、国家性和国际性节庆活动三种规模。这类节庆活动通常集

---

① 杨秀国. 新闻报道策划 [M]. 北京:人民出版社,2012:294.

文化、艺术、经贸、科技、旅游于一身，大都是结合本国或当地的文化特色、历史资源或经济优势举办的，通常是"文化搭台，经济唱戏"，在弘扬本国或地方文化的基础上以促进经济的进步和发展为目的。如青岛啤酒节、佛山陶瓷节、大连服装节和潍坊风筝节等就是现代节庆的典型代表。①

【经典案例 3-1】

2012 年国庆节报道策划方案

2012 年中秋节和国庆节凑到了一起，共有 8 天。本期国庆特刊策划主要是在长假为市民出行、旅游、消费等提供最新信息及指导。策划选题如下：

1. 出行指南

（1）高速公路免费通行的相关信息

（2）本市交通可能出现拥堵的地方及避开堵点的分流方法

（3）交通事故的处理建议及应急方法

（4）长途汽车、高铁、火车等票务信息（是否存在购票难问题及价格的变动）

（5）火车站、汽车站等的客流量及与往年相比的变化

（6）自行车、小汽车等车辆出租点及价格

2. 旅游指南

（1）到日本旅游量的变化、原因、影响

（2）本地旅游点票价变动

---

① 杨秀国. 新闻报道策划［M］. 北京：人民出版社，2012：294.

（3）旅行社、旅游网对本省及外省的出行的相关建议（路线及省钱妙招）

（4）本地旅游点的住房是否紧张及房价变动

（5）本地黄金周期间的天气变化及相关提醒

3. 消费指南

（1）盘点各路商家促销活动中可能存在的消费陷阱：

旅游：变相收费、降低食宿标准、导游的误导性消费等

超市中的买送、月饼的质量、餐饮的以次充好等

网上订票和网购中的一些问题及规避方法

（2）遇到消费侵权行为如何保护自己合法权益

4. 未休假人群

（1）坚守岗位的清洁工、交警、医护、农民工等

（2）节假日加班是否按国家规定支付加班费

【评析】

该选题策划的创新性体现在充分考虑到 2012 年国庆节的新变化，一是高速公路免费通行政策的出台给国庆节出行带来的新特点，并针对这一与往年不同的交通运行特点来进行报道；二是针对钓鱼岛冲突给国庆节赴日旅游带来的影响进行报道。由于敏锐地抓住了 2012 年国庆节的新特点，因此报道策划有一定新意。

二、节庆报道的策划思路

（一）传统节庆的策划思路与方法

传统节日在人们心中仍占据着无可替代的位置。从 2008 年开始，我国政府重新确定一年中休假的日期，缩短了"五一"长假，增添了清明、端午、中秋等传统节日，这也足见国家对民族传统节日及文化的

重视。

1. 根据传统节庆的精神内核与时俱进确定报道主题

通过对节日定位的准确把握，新闻媒体可以在更深层面触及节日的本质和灵魂，更好地解读节日的方向和目标。在此基础上的分析报道，不但可以加深受众对节日的了解和认知，拓宽新闻报道的广度和深度，同时也为以后的报道奠定基础，指明方向，最大限度地发挥新闻媒体对节日的正面促进功能。

传统节庆镌刻着中华民族深厚的思想内涵，"福""圆""乐""丰""念"是传统节庆文化的精华所在。在传统节庆来临之际，老百姓渴望幸福、祈盼团圆、追逐欢乐、祈祷丰收、追忆祖先的感情十分鲜明和浓烈，这也是中华民俗文化中最具特色和魅力的核心精神所在，是中华民族凝聚力的体现。所以，在诸如春节、中秋等传统节庆时，报道策划的主题和方向的选定从这些方面来确定，可以充分体现人们对幸福、团圆的祈盼，体现人们幸福快乐的精神状态以及由和谐幸福景象引发的爱国热情。同时，随着时代的发展和国家的进步，每一次传统节庆的内涵在不变中总会体现出新的时代意义，在恒定的主题中总会注入新的时尚元素。所以，在确定传统节庆的报道主题和方向时，一定要做到与时俱进，结合最新动态和理念选定主题。这样，才能在老套的素材中显示出自身的独特性，焕发出新意。①

1999 年的春节是 20 世纪最后几个春节之一，这就决定了这个春节的基调在与往年相同的幸福团圆的基础上又增添了新的色彩——百年回忆和新世纪憧憬。《钱江晚报》100 版的《百版春节特刊》，设置了"百年欢聚""百年祝福""百年梦圆""百年回望""百年画卷"和

---

① 杨秀国. 新闻报道策划 [M]. 北京：人民出版社，2012：298.

"百年畅想"。六个主题，勾勒了 100 年的沧桑巨变。2010 年的世博会在上海举办，这对于整个中华民族来说都是一个千载难逢的盛会。因此，2010 年的春节报道不仅要有以往的关于合家团聚、欢度春节的内容，更要把中国人对世博会的关注、重视、期盼渗透其中，与时俱进地确定春节报道的主题。

2018 年是党的十九大召开之后的开局之年，又是我国改革开放 40 周年。CCTV 继续推出春节特别报道《新春走基层》，传递有温度的时代气息。春节期间，新闻综合频道派出 80 路、近 200 名记者深入各地一线，打造品牌栏目《新春走基层》。从播出的节目来看，内容几乎涉及了百姓生活的大事小情、祖国建设的各个领域、国家大政方针的诸多方面。在这些系列报道中，《新春走基层·祖国不会忘记 解密三线》带给观众深深的感动。节目首次解密了三线建设不为人知的内情，包括火箭发动机研制的原基地——067 基地、第二重型机械厂承担的核试验物理研究院——九院、"两弹城"所在地绵阳、核动力秘密研发基地等六个三线基地，这些基地对国家国防建设做出了巨大的贡献。此外，央视还在新媒体平台发起六场探访式移动直播，总观看量超过 1100 万次，"寻找三线记忆"微博话题首日阅读量超过 2300 万。在春节这样一个特殊的时间节点，《新春走基层》节目以家国情怀为价值取向，紧扣"幸福是奋斗出来的"主题，表达对祖国的美好愿望、对民族英雄的缅怀纪念。观众在画面中看到为祖国的繁荣付出努力的群像，一种历史认同感和民族自豪感便油然而生。[1]

2. 彰显传统节庆的文化内涵

中国的传统节日是极具文化内涵并承载大量民族记忆的节日。新闻

---

[1] 赵淑萍，王海龙. 节庆报道的价值取向与创新路径——基于 2018 年 CCTV 春节特别节目的分析 [J]. 新闻与写作，2018（4）.

媒体在进行传统节庆报道时，应抓住这个时机，挖掘传统节日的文化内涵，大力弘扬民族文化的优秀传统，使传统节日成为闪耀民族传统文化光芒、弘扬以爱国主义为核心的民族精神、培养社会主义核心价值观的节日。

让传统节庆成为历史自信、文化自信的助推剂，必将有利于提升民众的历史自信、文化自信和国家认同感。媒体应努力把传统节庆所承载的自然文化、社会历史文化、个体生命文化等多重文化内涵发掘并呈现出来，通过国家推介、社会舆论、民间传播等多种方式，逐渐建构起完整的传统节庆文化体系，包括节日的名称、意象、符号标志、仪式情景和内容、仪式方式、仪式规则等，并将其精神内涵发扬光大，使社会大众对于自己民族的历史文化有清晰、充分的认识和了解，提升国民文化自觉和文化自信。① 例如对端午、中秋等传统节日，我们可以在讲解历史背景时深入发掘节日形式背后所蕴含的优秀文化内涵。同时，制度化保障也是不可或缺的一环。我们可以将具有重大历史意义的节日法定化，为社会大众亲身参与节日活动创造条件，为其带来别具一格的文化体验。

如 2010 年的清明时节，《光明日报》策划设计了两期特刊《我们的节日·清明·纪念特刊》来纪念这个节日并深化传统节日的内涵。4月 5 日的《清明：春雨滋润的文化》，不仅介绍了 4 月 3 日一些地区人们扫墓的情况，而且以传统文化为中心，通过《祭祖：追寻生命之根》《缅怀：构筑民族精神》《感恩：寄予无尽情感》《追思：环球如此凉热》四个主题阐释了清明的来历、传说以及人们在清明时节进行的传统活动，并请一些专家讲解了清明蕴含的深刻文化内涵。4 月 6 日的特

---

① 匡文波. 让历史纪念日成为文化传承的新节点 [J]. 人民论坛，2018（3）下.

刊以《英雄不死：中华民族的公祭》《网祭：别样的心灵洗礼》《省思：以文化沐浴心灵》等，提炼了清明节在现代社会应该具有的一些新的思想意蕴和现代活力，告诉我们对于清明节现代时期的纪念和表达方式，帮助读者理解了清明文化的博大精深，可以说是清明报道中的精品。①

3. 以人为本，体现人文关怀

"新闻的传播活动既要传播事件的内容，更要传递出事件背后的社会文化意义，既要反映世界的变化与发展，同时也要反映出对于人的生存与发展的影响，既要报道可知、可预知的事件，同时也要关注人的内心、人的命运，既要反映对于新闻事件、新闻背景的规律的认识，同时也必须反映社会各阶层的心声。"② 关注人、注重人的生存状态应是媒体策划时必须重视的一个核心支点，这与我国传统节日的特定精神内核又是相吻合的。春节讲究合家团圆、幸福美满，清明节包含对先辈、英烈的追怀，端午节发扬对先贤的推崇，重阳节凝聚对老人的尊爱。中国传统节日以人和家庭为核心，倾注着对人性的关切，蕴含着深切的人文关怀。我们在进行传统节庆报道时应充分挖掘其中深蕴的人文精神，站在人文关怀的高度去尊重大众、关注大众，研究大众境遇和生存状况，以人为本，把人性之美、人情之浓、人心之善作为最终落脚点，传递人文精神。③

《长江日报》曾在春节期间推出了特别报道：热点人物春节回放。在过去的一年里，《长江日报》的社会写真版采写过一些特别受到社会关注的人物，如因救一抢道男子而壮烈牺牲的 55 岁道口工方慎发和 40

---

① 杨秀国. 新闻报道策划 [M]. 北京：人民出版社，2012：301.
② 刘斌. 实现人文关怀与受众引导的有机融合 [J]. 传媒观察，2003（1）.
③ 杨秀国. 新闻报道策划 [M]. 北京：人民出版社，2012：302.

岁民警喻继刚、新洲县 79 岁的传奇女兵涂国华、患脑瘫的 8 岁双胞胎姐妹华华和平平、患肝炎并发再生障碍性贫血的 15 岁少年曹坤、卖花养家的黄陂 9 岁农家女邹瑶、武昌区社会福利院的百余位老人。在新春佳节里他们生活得怎样，记者逐一到老人家中回访，把最鲜活的故事奉献给大家。首先，这些人物都是报纸上曾经报道过的新闻人物，有一定关注度，可以保证新闻的热点性；其次，这些热点人物又是面临着人生坎坷与困境的普通人，报道也会引起社会各界的关心和捐助，这也是对他们的一种回报与关爱；最后，报道体现出媒体的一种社会责任意识，是对自身形象的彰扬，而新闻记者利用休息时间，在家人团聚的时候去做回访，这本身也是一种精神的奉献，在这种特殊的时空给受众留下好的印象。

在传统节庆到来之际，群众的情绪空前高涨并且最容易集中反映出来，在这种情况下，媒体只有把老百姓的喜怒哀乐作为报道的中心，才能引起群众的真正关注。从 2002 年开始，新华社每年都要在春节前后，也就是农民工返乡或回城的时候，组织有关农民工的大型调研式报道。第一次策划叫"走近民工"，第二次叫"关注民工工资"，第三次叫"农民工子女求学调查"，第四次叫"农民工文化生活调查"，第五次叫"新春回访农民工"。新华社确定体验式采访的思路，着重反映农民工的生存状态，挖掘他们的情感世界，目的是引起社会关注。新华社把党和政府想说的与人民群众想听的结合起来，取得策划的成功，也影响了党和政府的决策。2006 年 3 月，国务院出台了《关于解决农民工问题的若干意见》。①

《南方周末》2010 年春节期间策划了《等你回家，他们的春节故

---

① 谭云明，郑坚. 新闻编辑学［M］. 武汉：华中科技大学出版社，2016：104.

事》报道，五篇报道以客观的笔法表现了普通百姓在春节中的境遇。第一篇以代课教师李建新等待在复旦大学读书的儿子回家为开端，讲述了农村代课教师尴尬而艰难的生活境况；第二篇报道的是重庆兄弟张方钧在大哥张方述入狱后，自己和母亲近段时间的经历；第三篇讲述了湖南邵阳农民王宏勇夫妇在广东东莞打工的艰难和生活的拮据；第四篇描绘了看似光鲜实则无奈的广东海归姑娘陈雪在留居美国与回归祖国中的矛盾与选择；最后一篇记录了一个典型的城市贫困家庭中的母亲李冬梅年前依然辛勤地劳作和在其儿子读书、接受捐助的过程中的辛酸经历以及女儿对母亲的误解。《南方周末》这组对普通大众生存状态的报道发人深省，体现出对普罗大众的人文关怀。①

传统节庆报道，尽管"年年岁岁花相似"，要做出新意很困难，但是，只要认真谋划，精心组织，视角下延，深入挖掘，仍然可以实现同中求异，旧中求新。

（二）纪念性节庆的策划思路与方法

纪念性节庆报道应以纪念为主，主要任务是回顾历史、展示成就，如"十一"国庆节、"三八"妇女节、"五一"劳动节的节庆报道。我们也应该注意到，纪念的作用不仅仅是缅怀，更是通过纪念使后人受到启发，达到启迪现实的作用。

1. 多角度宣传建设成就

建设成就宣传是国庆报道中的一个特色。这是一个追寻历史、展望未来的逻辑。从历史的角度来策划特定日的报道，就是遵循时间运动的轨迹，来反映一个过程，描述一种现象，揭示一个规律，讲清一个道理。这种报道，让人们从历史的回顾中，看到未来发展的方向和前景，

---

① 杨秀国. 新闻报道策划［M］. 北京：人民出版社，2012：305.

坚定信念，鼓舞士气，找到自己奋斗的目标。这一类报道的策划以国庆日、建党日、解放日等的策划为多。

选择受众看得见的事实是一个发展趋势。过去，国庆节等纪念性节庆报道的建设成就宣传在反映重点工程建设、城市发展等"硬"内容方面做了许多文章，但在制度建设、观念更新、生活习惯的变化这样一些"软"内容上略显不足。近年来，媒体的国庆报道摈弃了"软硬"不均、重"硬"轻"软"的倾向，报道的可读性、贴近性有很大提升。

宁波广电集团新闻综合频道在 2014 年国庆报道中推出"坐着高铁游浙江"系列报道，从另一个视角感受我们身边生活的细微变化。2013年7月以来，借助杭甬、杭宁、沪杭、京沪等高铁快线相连，长三角地区已经形成以上海、杭州、南京、宁波等城市为中心的"1—2 小时交通圈"，高铁给宁波人的生活带来了新的变化，坐着高铁出游也成为寻常百姓国庆出游新的选择方式之一。"坐着高铁游浙江"系列就以记录旅行的方式，以行程为线索，携手高铁（动车）经过的七座城市：嘉兴、杭州、绍兴、台州、温州、金华、衢州，由当地电视台主持人出镜作陪，宁波电视台的主持人和出镜记者现场体验感受，为宁波观众介绍当地最适合国庆出游的景点，同时记录下风光特色、美食美味、体验感受，真实展现当地的人物风情。这种以游记方式展现新中国65周年以来浙江主要城市发生巨大变化的传播效果比许多硬新闻要好得多，一些国庆期间没出门的观众从中领略高铁沿线城市的独特风景，报道推出以后观众好评如潮，而且在浙江省各城市台之间加强了联络和交流，达成了合作互赢、共同发展的共识，相约在今后节假日再策划组织类似的合作活动。①

---

① 金敏. 透过国庆报道看地方媒体节庆报道的"推陈出新" ［J］. 声屏世界，2015（2）.

在 2017 年、2018 年的国庆特别报道中，《新华日报》均以小切口、大落脚为采写原则，见人、见事、见现场，通过当事人的讲述，展现经济社会的发展成果。比如，2017 年 10 月 3 日的特别主题报道《他们不舍昼夜奔跑在追梦路上》，将创新的视角瞄准了科技企业的一线人员。通过记者的深入挖掘，报道邢飞、洪卫星、王昂等人在激光技术、智慧交通、无人机等领域的钻研与拼搏；在 2017 年 10 月 4 日《一份份乡愁都化作了报国心》中，展现出李立、尤岩等人的海外工作生活，以及对祖国家乡的热爱；在 2018 年 10 月 2 日的特别主题报道《经济因子，见证迈向高质量精彩蝶变》中，向公众展示了改革开放 40 年来，东亭春雷造船厂、徐工集团、朱大龙虾店、苏果超市、新百商场等百姓耳熟能详的企业的发展变迁；在 2018 年 10 月 5 日《文化惠民，自信绽放赢得连连点赞》中，从摄影家晓庄的视野展现了渔民刘孝忠一家老小的文化生活变迁。

2. 以小见大，从个人角度折射巨变

与报道宏观成绩、宣传建设成就互为补充，表达个人感受和反映个人变化则从另一个角度表现了祖国前进的微观变化，比如举办个人征文是一个"常项"，从个人（或亲人、家庭）的角度入手，从微观的侧面反映百姓的精神面貌和生活状况发生的深刻变化，具有可亲、可信、贴近性强的特点。

国庆 60 周年到来之际，《成都日报》从 2009 年 8 月 5 日开始推出了"辉煌 60 年，寻访成都足迹大型新闻策划"。8 月 5 日和 6 日发出三道征集令："我的搬家故事""我的全家福""祝福共和国"，发动市民讲述"我与共和国共成长"的故事，征集今昔对比的老照片，引领市民感受生活的巨变和城市的发展。整个新闻策划围绕着寻访成都足迹的主题，通过"读城""读人"和"征集令"报道的方式来进行足迹呈现。"读城"以大篇幅有深度的硬新闻为主，主要是把成都这座城市放在历史的坐标中去考量，去探寻发展的足迹以及今昔对比的巨变，并伴有翔实的历史发展资料、数据资料等。"读人"和"征集令"报道，都是从城市的普通群众中选择个体见证者来讲述自己感同身受的变化。"征集令"报道的消息来源主要是民间，通过主人翁之口用故事化叙述，包含着"老照片故事""全家福故事""我的搬家故事"，篇幅较短，属于软性新闻。"读人"报道则挑选"征集令"报道中的故事做成深度报道，实质是征集令故事的深度化，不仅仅是简单地讲述故事，而是从故事中挖掘出更深刻的社会变化。如《有车了 爸爸不再念叨在市中心买房》这篇报道中不仅讲述了主人翁家越搬离市区越远的搬家故事，而且挖掘出更深刻的城市变化，即成都进入"大生活圈"时代。"读人"报道和征集令报道偏感性，给读者带来忆苦思甜和穿越时空的情感体验。"读城"报道偏理性，政策性强，数据翔实，给读者带来总结城市发展、思考社会变迁的信息体验。两者相得益彰，人的变化反映城的变化，城的变化影响人的变化，个体记忆串联城市记忆，城市记忆激发个体回忆，媒体提出的"生活越来越好"的报道目的也就达到了。①

3. 特殊人物寻访

选择一个特定的日子对有关人物进行寻访报道或对其工作生活状态予以介绍，是常用的一种报道策划。

如《长江日报》2007年10月2日的国庆报道《国庆值班人的故事》，记录了不同单位值班人在国庆节晚上的工作情况，在国庆报道中脱颖而出，给以新鲜感、可读性和人情味。《北京青年报》2004年刊登

① 贺晓航.《成都日报》国庆六十周年的报道策划［J］. 新闻爱好者，2010（2）下.

大型系列报道"我的长征——寻访健在老红军",记者寻访如今尚在人世的经历过长征的老红军,在国庆55周年大庆前推出这一报道,告诉读者不要忘记历史。2011年,《焦点访谈》"国庆走基层"系列报道分别是:火车站供水车间给水员、列检车间检车员、忙碌的铁路职工等在节假日坚守岗位的普通劳动者。

【经典案例 3-2】

衡阳电视台 2015 国庆系列报道"大江之上"

大江之上(一):重振衡阳城市荣光的"头号工程"

大江之上(二):产业升级的"衡阳模式"

大江之上(三):打造绿色"黄金水道"

大江之上(四):立体交通格局让衡阳通江达海 展翅高飞

大江之上(五):一山一水舞动魅力衡州

大江之上(六):开放平台孕育"外向衡阳"

大江之上(七):宜居生活 多姿多彩

【评析】

国庆节每年一次,国庆系列报道往往离不开建设成就、旅游、假日经济等主题,这种重复的节庆报道很难创新。衡阳电视台推出的"大江之上"在同质化报道中做出新意。第一,新意来自于角度新。比如从人的发展的角度来报道成就,第一集有关滨江新区建设的报道重点放在老百姓从中有没有得到实惠,棚户区改造、污染企业的搬迁、休闲风光带的建设与普通老百姓的工作和生活环境密切相关,这实际上就是把城市发展与人的发展紧密联系在一起;第六集有关综保区商品给市民带来便利的报道,也是遵循从市民利益出发的角度所做。第二,新意来自结构精巧。第四集有关立体交通格局的报道中，记者坐公交车体验衡阳城市交通变化，把衡州大道、高铁、机场几个大的交通建设成就串联起来，结构精巧，令人耳目一新。

三、节庆报道的注意事项

节庆报道，是媒体永远绕不开的题材，它有两面性，更具可塑性。由于节庆报道等时距地进行，即每隔一年或每隔一段时间就要重复进行，容易成为媒体的"天然粮仓"，产出千人一面、平淡如水的敷衍之作，面对这种一个模式一个内容的报道，受众觉得味同嚼蜡。因此做好节庆报道的策划，推陈出新显得十分重要。

（一）在内容上推陈出新，选择具有最强的代表性和吸引力的内容

物质都是在一定的时空中运动的，一棵大树上不可能有两片完全相同的树叶。同一个纪念日，其重要内容不可能每次都是相同的。只要策划者用心，总能够在求异中出新。当发生内容大致相同的情况时，策划者需要变换角度，多维度深入挖掘。只要角度选得好，有新意，也能做出好文章。

《江南晚报》坚持节庆报道的基本原则，回归深挖新闻事件的"基本盘"，使年年相似的节庆报道始终能产生新的"生长点"。以"三八"妇女节为例，《江南晚报》在 2009 年 3 月 5 日推出《"剩女"如菜，网友热"炒"》一文，以面对无锡姑娘"外地人不要、没婚房不要、身材矮不要"的条件、年薪 12 万元的外地小伙陷入择偶尴尬这一新闻事件为切入点，结合网络论战的各方观点，以幽默笔触为大龄"剩女"传神画像。3 月 6 日，"投资理财"版《新时代"财女"理财各有精彩》一文，选取金融学博士、金融理财师、人寿保险精英和职业炒股手四个成功样板，让她们现身说法，成为都市女白领投资的有益借鉴。

2010 年适逢妇女节设立一百周年，该报别出心裁地用一个通版的体量，请三位百岁老奶奶畅谈一个世纪的风雨与欢乐：小到一个发型一件旗袍，大到为社区服务数十载的感触……结合百年来无锡知名女性的链接，这个节日仿佛与"老"字无缘，而变得那么鲜活立体，感染力十足。三篇报道分别指向青、中、老三个女性群体，综合来看又涵盖了时尚、现实与传统，细分定位精准，收获不小的反响，与以往那种"大呼隆"的节庆集纳报道拉开了档次，带来了清新空气。

2015 年 3 月 1 日发生了轰动全国的深圳女司机夺命 9 条伤 20 多人的车祸，《江南晚报》结合"女司机"成为"闯祸"的代名词这一现象将此事件做深做透，3 月 4 日就推出《女司机不靠谱？这真是错觉！》，通过走访交巡警部门、驾校教练和一些女司机，公布了"无锡男女司机比例 2∶1，肇事死亡数比例却是 3∶1"的实情，得出了女司机"初开车糗事不少，熟练后游刃有余"的普遍状况，还不忘罗列八种隐患，指出"女司机有自身优势，但要有好的开车习惯"，从而辩证地为女司机正名。①

【经典案例 3-3】

南方都市报"母亲节"策划报道
母亲节，剩女、浪子、豪放女、小宝宝……请倾听母亲的焦虑
这个母亲节，我们选择倾听母亲的焦虑

我们仿佛从来不缺接收母亲焦虑的经历，从小到大，从近到远，无论是她们瞅着儿女成绩单时的愁眉不展，还是从窄窄电话线里挤过来的

---

① 周震. 让"老汤戏"新意迭出——管窥近年来《江南晚报》节庆报道思路的演进 [J]. 传媒观察，2016（2）.

细碎唠叨，母亲的焦虑已经成为丰满日常生活的一种作料，甚至让我们生出了烦腻的感觉。

一个 2 岁宝宝的妈妈会焦虑为什么现在的孩子从出生开始就要面临"活着"的宏大命题。

一个 13 岁中学生的妈妈焦虑她的女儿未婚怀孕怎么办。

一个 30 岁剩女的母亲焦虑女儿永远嫁不出去岂不是要孤独终老。

……

焦虑是爱的表现形式之一。

母亲的焦虑永远都不会消失，按照北京大学深圳研究生院社会学教授于长江的说法，随着社会转型的加剧，焦虑的内容还将与日俱增，与这个社会层出不穷的新问题全面接轨，它本身已经内化为社会总体焦虑的一部分，它是这个社会复杂性的折射。所以，母亲的焦虑从来都不应被忽视，她是母性关爱碰触社会现实后对子女本能的关照。

不要去嘲笑母亲焦虑里的杞人忧天，深圳市公共艺术中心主任孙振华说，对每个个体，母亲焦虑这种现实关爱，只有你真正失去的时候才会怀念。这个世界上，很难再有一个人，那么真诚地焦虑、关心你的生活细节，而这种被关心的感觉，无论你长到什么年纪，都一定需要。

专家指出转型期的社会复杂程度难以估量
社会给不了母亲们安全感？

好几年前，有这样一则新闻，一项小学生作文竞赛中，不少孩子笔下的妈妈不再"伟大""慈爱"，而是成了"变色龙""母老虎""河东狮吼"……当时就有专家指出，望子成龙心态是造成母亲焦虑现象的元凶，也因此母亲正在成为社会和家庭矛盾的焦点。

当时间来到 2010 年，我们发现，母亲的焦虑远远不止这么一丁点。

幼儿园小朋友的母亲焦虑孩子会不会被拐骗、被绑架、被反社会人士莫名其妙地砍杀；小学生的妈妈担心孩子被绑架甚至撕票；初中生的妈妈焦虑孩子会不会承受力太弱，会不会一个不高兴就玩一把自杀或者被牵涉进艳照风波；剩女的母亲焦虑年过30的女儿万一真的一辈子嫁不出去，还会不会像现在这般没心没肺……

母亲从局部焦虑转向全面焦虑

关于母亲焦虑的表现，几乎每个人都不缺乏深刻认知。母亲属于这么一种人，她们——往往跟父亲相反——很少掩饰自身的焦虑甚至乐于把这种焦虑表现出来，试图用琐碎的、忧心忡忡的、循环反复的传达方式将某种忧患意识、危机意识传染给子女。随着整个中国社会城市化转型的加剧，母亲焦虑的次数越来越多。

"假如把时间往前推三四十年，那个年代母亲的焦虑要轻得多。在当时的集体化语境中，每个人都有很强的社会角色，包括孩子也被定义为革命事业的接班人，家庭概念被弱化。孩子不完全属于父母，还属于革命事业，属于接班人。他们今后的成长、工作、住房，等等，国家都会承担很大一部分或者说几乎被国家所限定，所有的责任并不完全压在父母身上。"北京大学深圳研究生院社会学教授于长江比对当下后指出，随着社会转型及市场化的深入，国家放手，孩子的社会角色被消解，完全归入父母的名下，"全责"概念持续冲击母亲脆弱的神经。

深圳市公共艺术中心主任孙振华也承认，20世纪90年代以前，母亲的焦虑多带有强烈的社会性色彩，重视群体利益，忽略个人和家庭的利益。"孩子能不能成为对社会有用的人，能不能顺利接革命事业的班"，焦虑背后所隐藏的期待也是宏大叙事式的。"改革开放后，出现了一个回归，人们从社会性诉求中解放出来，人的天性、母性得到极大释放。集体性焦虑演化为个体更日常化、伦常化的焦虑，偏偏社会提供的支持包括心理和技术上的支持非常缺乏，家庭往往要扛起养育子女的全部责任，母亲们在焦虑中显得特别无助。"

焦虑感只会越来越重，更加深化

校园安全、早恋、升学、工作、买房、婚嫁、身体……甚至每天关注子女所在城市的天气，焦虑孩子被风吹雨淋。自打子女回归到完全的家庭所有制后，母亲的焦虑变得细碎又具体，持续累积，没完没了。而在于长江看来，焦虑还将越来越多。

"转型期的中国社会，本身就是个'创意'社会，复杂程度无法估量。每个'创意'中都隐含着危险性、可能性，如果被恶意利用，将会引发母亲新一轮的焦虑。例如社会安全感，现在的母亲，对孩子在社会上的安全感肯定远低于以前的母亲。因为社会变得功利了，拐卖儿童存在巨大利益；因为社会急剧转型，造成一部分人心理极度失衡，将发泄的目标瞄向了柔弱的儿童。"于长江提出了"社会不安全感"与母亲焦虑的关联关系，"她们的焦虑正是社会不安全感的折射，现有的秩序无法给母亲不焦虑的信心，随着转型社会复杂属性的强化，母亲的焦虑有加深加重的趋势"。

相比现在，孙振华更怀念三四十年前放学后小学生排队手牵手回家的场景："当时社会治安好，学生也被有集体、有组织地管理。现在每个家庭都要承担接送孩子的任务，又是独生子女，必须小心呵护，怎么能不更焦虑？反过来看，这种焦虑把社会对孩子的关注推到焦点位置，只要涉及孩子都会成为社会敏感度高的话题。对那些存在反社会心理的犯罪分子来说，他们想要造成社会的极大恐慌，往往选择伤害孩子。最终形成恶性循环，母亲愈加焦虑"。

深圳母亲比内地母亲焦虑感更强

除了关注子女安全、学业、婚姻等母亲们共通的焦虑外，深圳母亲的焦虑似乎还有些不同。"她们有选择地焦虑。深圳不少家庭的生活条件比较富裕,母亲们总想着在力所能及的范围内还能为孩子做什么。"加州儿童会负责人杨帆见过很多母亲为送子女去美国读书还是英国读书焦虑万分,"选择太多,同样会产生强烈的焦虑感"。

孙振华直言深圳母亲焦虑的目标相比内地母亲更高一点,"内地母亲更侧重于孩子的教育、考大学、找工作这类生存焦虑;而深圳的不少母亲对孩子考不考国内的大学看得较淡,大不了出国读,甚至会劝孩子没必要去跟这个设计不合理的高考制度拼。深圳母亲更开明一些,对学习成绩和就业没那么紧张,而是希望孩子身心能发展得好"。

(南方都市报,2010-05-08)

【评析】

传统的母亲节报道一般是赞美母爱之伟大,歌颂母亲养育之恩,但该专题策划从母亲的焦虑入手,表现新时期的母子关系,既反映出新时期母爱的独特性,又折射了食品安全、社会治安、社会价值观多元化等社会转型期诸多社会矛盾与问题。因此该策划选题的报道对象独特,报道角度新鲜,报道主题深邃,通过报道对象体现出独特的报道视角,报道角度的新带来了主题的新,写出母亲在这个新时代的特点,也写出深圳母亲的特点。另外报道采用口述体的形式,生动、口语化,有利于把人物的内心世界展示出来。

(二) 创新表现形式和报道方式,将有新意的内容完美表现出来

形式上的出新也不是孤立的,它必须服从和服务于内容。只要我们真正地吃透了内容的实质,娴熟地掌握了表现手法,就能取得纪念日报道的最佳效果。节庆活动尤其是纪念性节庆活动通常会持续一段时间,这是一个层次清晰、逐步推进、节奏明朗、井然有序的过程。因此,策

划者应根据节日庆典的特征对报道方式和表现形式进行整体筹划和周密设计，力求收到好的传播效果。

一是报道渐次推出，形成有梯度的报道格局。重大节庆的报道一般经历这样几个时段：预热期/发布期、高峰期、延伸期、收尾期。其中，预热期/发布期主要是提前告知，唤起受众的新闻期待，为高峰期报道"暖场"。高峰期则采用各种报道方式在短时间内大规模、高频率地进行策划报道，受众关注度随之达到峰值，这个时期是策划重点，有的报道可能会出现有分量的新信息，具备多个高峰期。高峰期之后核心事件已被广泛报道，与主题有相关度的边缘新闻也会受到关注，这实际处于报道延伸期，持续一定时间后报道才会落下帷幕。针对这种变化规律，要对整个新闻报道的不同时段做出不同的策划安排，形成一个完善的体系。如 2009 年国庆 60 周年，《人民日报》从 9 月 21 日起开辟国庆专刊，陆续推出一些和国庆相关的报道；国庆当天则推出 60 个版的特刊，把报道推向高潮。接下来的几天假期的报道，集中表现党和政府以及人民群众的各种庆祝活动，营造节日氛围。10 月 7 日至中旬是总结和收尾阶段，对整个国庆期间出现的问题及人民群众的后续活动进行总结。这样循序渐进的报道方式，使整个节日报道层层推进，错落有致，收到良好的报道效果。

二是系列、组合式报道联动，形成聚合效应。由于节庆报道涉及的人物、事物和活动相对较多，并且各种人物、事物以及活动之间的关系较为复杂，在时间上的跨越性较长，空间上的覆盖面较广，所以，对节庆报道须要多角度、多侧面、多层次、全方位、立体化的统筹安排，力求展示新闻事件的全景、全貌、全过程。在新闻报道方面，单一的报道方式有时很难取得全面的报道效果，各种报道方式的综合、重构、联动，各取所长，整合运用，方能达到更好的传播效果。系列式报道着重从事物的各个侧面入手，集不同角度的报道为一体，实现报道的深度和广度，具有启迪作用。而组合式报道的应用能够全面、深刻地揭示问题的要旨。组合式报道指集中一组稿件反映同一时间、不同地点的同类情况，或同一主题、不同门类的情况，形成较大的报道规模。①

（三）未雨绸缪，提前做好准备

节庆报道的策划要提前做出计划，尤其是对于重大的纪念性节庆更要有提前量。因为涉及的材料较多，参与的人数较多，变化和不定因素较多，只有提前做好准备，才能详尽地占有材料，才能在变化中掌握主动，才能在缺损中予以弥补。

【阅读材料3-1】

"建党90周年"报道的策划思路

2011年是中国共产党成立90周年，各媒体围绕如何做好"建党90周年"报道，"八仙过海，各显神通"，推出了一系列精彩策划。

可以围绕数字做策划。"90"这个数字可以是采访者的人数，也可以是采访对象的人数、采访对象的年龄。

2011年5月4日至6月15日，人民日报、人民网组织开展了"纪念中国共产党成立90周年大型主题活动'追寻'"，来自北京大学、清华大学等18所高校的90名大学生，组成9路小分队，分3批出发，沿着党诞生、发展、壮大的红色足迹，寻访在党史上具有重大意义的纪念地，重温党的光辉历程。

5月10日，由河北省委组织部、省委宣传部、省委教育工委、省

---

① 杨秀国. 新闻报道策划［M］. 北京：人民出版社，2012：312.

教育厅、河北日报报业集团共同主办的"无字丰碑·红色90后寻访90位共产党员"大型采风活动在河北石家庄启动。从河北省内各高校精选出的90名"90后"大学生记者团正式踏上寻访之旅。同时由河北新闻网独家制作的"无字丰碑·红色90后寻访90位共产党员"大型采风活动新闻专题也正式上线,同步追踪记录"90后"大学生记者的寻访轨迹。

"90"这个数字还可以是"建党90周年"特刊的版面。7月1日,人民日报和今晚报推出90版的纪念特刊,献给中国共产党90华诞,用最热烈的方式隆重纪念建党90周年。

可以围绕"地点"做策划。建党90周年中有着历史意义的"地点"很多。"革命圣地"是其中的一大部分,如毛泽东的出生地韶山、中国共产党的诞生地嘉兴南湖、八一武装起义所在地南昌、革命根据地井冈山、革命转折地遵义、革命政权所在地延安、红色首都瑞金、"解放全中国的最后一个农村指挥所"西柏坡、红军三大主力的会师地会宁,以及党的多次重要会议的举办地上海和北京。不少媒体都推出了"革命圣地巡礼"专题策划,反映这些革命圣地90年来的发展变化。

2011年1月20日,深圳特区报策划大型采访活动"重访红色故土"正式启动,在全国媒体中率先策划启动了"重返红色故土"大型采访活动。采访活动持续到"七一"前夕,记者奔赴当年的老区、苏区、边区、解放区和著名战役、重大历史事件发生地。2月21日至6月底,深圳特区报推出"重访红色故土"专栏。

5月15日,"领航中国·红色足迹"新华社多媒体报道团在上海中共一大会址的石库门前举行出征式。新华社派出文字、摄影、电视、网络记者,组成多媒体报道团,首次采用国内外接力、多媒体融合的报道手段:从上海出发,国内赴浙江、江西、贵州、四川、陕西、河北、北京、广东、安徽等地，国外赴巴黎、莫斯科、伦敦、东京、布鲁塞尔等地，行程数万公里，重访红色足迹，力求全面、生动、深刻地反映中国共产党 90 年来的辉煌历程，向世界展示中国特色社会主义的强大魅力。

可以围绕人物做策划。与建党 90 周年有关的"人物"，既可以是革命先烈，可以是党史中的重要人物，也可以是优秀共产党员，还可以是"红色后代"。

2011 年 3 月 28 日至 6 月 6 日，嘉兴日报推出了"纪念建党 90 周年·追寻 1921 南湖'七一'记忆"大型系列报道，毛泽东、董必武、陈潭秋、何叔衡、王尽美、邓恩铭、李达、李汉俊、刘仁静、包惠僧、张国焘、陈公博、周佛海这 13 位"一大"代表每人一个专版报道。

晶报 2011 年 7 月 1 日策划推出 5 个版特别报道"信念红旗"，选取在深圳工作的"红色后代"作为采访对象，刊发的 8 篇报道分别为对名将叶挺四子叶华明、农民运动大王彭湃的孙女彭伊娜、抗联老战士李敏外孙女陈华梅、东江纵队司令员曾生长子曾世平、抗美援朝老兵卓继福的女儿卓振翠、谷牧次子刘会远、袁庚儿子袁中印、胡耀邦外甥曾德盛和甥孙曾维信的专访。①

---

① 刘良龙."建党 90 周年"报道的策划思路 [J]. 新闻知识，2011 (10).

第四章

突发事件报道的策划

一、突发事件的特点

（一）突发事件的定义

突发事件又可称为紧急事件、危急事件，指人们难以预测或未能预测而突然发生的某种客观情况或事件，即强调时间发生的突然性、不可预料性和后果的严重性，具有一定社会性。2006年公布的《国家突发公共事件总体应急预案》提出，突发事件是突然发生，造成或者可能造成重大人员伤亡、财产损失、生态环境破坏和社会危害，危及公共安全的紧急事件。突发事件一般具有时间上的突发性、范围上的公共性和应对上的危机性这三个基本属性。

《国家突发公共事件总体应急预案》《中华人民共和国突发事件应对法》等法规，将突发事件分为自然灾害、事故灾难、公共卫生事件、社会安全事件等四大类。我们按突发事件性质可分为两大类：

一类是自然事件，即通常所说的"天灾"，如地震、火山爆发、山体滑坡、飓风、海啸、洪水、雪崩等，如1976年唐山地震、2008年汶川地震、"7·21"北京特大暴雨灾害等。另一类是社会事件，即通常所说的"人祸"，这类事件又可分为社会安全事件、灾难性事故和公共卫生事件。社会安全事件指武装冲突、武装暴动、武装入侵及军事政变、暴力恐怖事件、非法集会、游行、学潮、罢工、聚众冲击重要机关、民族纠纷、宗教冲突等社会政治事件，灾难性事故则包括翻车、沉船、坠机等交通事故，楼宇倒塌、桥梁断裂、水库垮坝等建筑事故，以及失火、煤矿爆炸等责任事故，如 2010 年王家岭矿难、2011 年温州动车事故、2014 年上海外滩踩踏事件等。公共卫生事件主要包括突然发生，造成或者可能造成社会公众健康严重损害的重大传染病疫情、群体性不明原因疾病、重大食物和职业中毒以及其他严重影响公众健康的事件，如 2003 年"非典"事件、2008 年三鹿毒奶粉事件、2011 年"抢盐"事件、2018 年长生疫苗事件等。

（二）突发事件的特点

1. 时效性强

突发事件从时间上来看，有的是即时性的，稍纵即逝；有的则要持续一段时间。但不论是哪一种，它的发生都是突然的。

2. 复杂性和变动性大

突发事件发生后一般不会立即停止，使突发事件呈现出多阶段和多状态，而且这些阶段和状态极其短暂，相互之间还会快速交替演变。突发事件的发生往往是某种矛盾的凸显。这种矛盾所涉及的因素通常比较复杂，如自然因素、人为因素等，而且矛盾的爆发不局限在单一行业或领域，往往与各个领域都有关联，同时其造成的影响也涉及到社会的方方面面，破坏人们生活、社会秩序、社会安定等。

3. 不确定性大

突发事件的发生往往不可预见，没有任何征兆，因此事件发生后，会令人措手不及，而且其发展不会按一般事物的发展规律进行，其结果也可能违背人们的正常思维，因而让人们很难把握。比如汶川地震发生时间突然，而且在大众毫不知情、没有预警情况下发生，因此威胁到公民的生命安全。信息的"不透明"引起人们心理恐慌。突发事件往往在人们毫无心理准备的情况下突然发生，让人们始料不及，这种特性既是对新闻从业人员的一种考验，同时也是一种机遇，给了高水平的策划者以更大的创造空间。

4. 影响面广

突发事件由于其突发性和灾难性，会对社会迅速产生巨大的冲击力和震撼力，引起世人的广泛关注，从而在极短的时间内成为社会舆论关注的焦点和热点。每年，我国因突发事件直接造成的人民财产损失都高达数亿元，对于社会生产和人民生活产生了重大的破坏。一般来说，这类事件涉及人心、政策、知识等领域，涉及的地域和人群较多，影响面也相对广泛。

二、突发事件报道策划的特点

（一）正确认识突发事件报道

报道好突发事件是新闻竞争的必然选择，随着新闻竞争的日益激烈化，突发事件的报道已成为衡量新闻从业人员素质和水平的一个重要标准，搞好突发事件的报道对增强新闻媒体的竞争力和影响力大有益处。报道好突发事件是科技发展的必然要求，无人机、直播技术、虚拟现实技术等信息技术的发展，为报道突发事件提供了更有利的条件。搞好突发事件的报道也是加快我国民主政治建设的需要，加强民主政治建设必须确保人民当家做主的权利，而知情权包括人民知晓重大事件的权利是一项重要内容。突发事件发生，人民群众需要了解突发事件的发生原因、发生发展的过程，谁来承担责任，如何做好善后工作，这样可以更好地理解、监督和配合政府的工作。

突发事件有其演变过程，通常是一个时间段一个时间段发生变化，极具动态性，可以分为酝酿期、爆发期、蔓延期、消解期这四个阶段。① 突发事件报道在不同阶段的应对特点也有所不同。

酝酿期的特点表现为相关舆论慢慢聚集形成网络话题或热门话题，但传播范围小，还没有产生重大的影响。事实上，任何热点事件、突发事件在社会上都有一些苗头，通常所指向的是一个长期的社会矛盾，如拆迁、腐败、贫富差距，等等。长期积压的社会问题会因为网民、公众的不断关注，而又没有得到有效回应或疏解而爆发出来。媒体在这一阶段主要承担"预警"功能。在日常报道中通过职业"敏感"，发现特殊事件的"蛛丝马迹"，理性分析、判断出可能引发的突发公共事件，然后通过新闻报道等各种形式提醒政府和有关部门重视，防患于未然，从而发挥缓冲社会矛盾、避免突发公共事件发生的功能。

突发事件爆发后，意见迅速聚集，信息快速增长，传播规模扩大，主流舆论形成，这就是网络舆论的爆发期。这个时期的特点通常是各个领域的网民意见融合，各种声音都开始出现，传播范围扩大，话题关注度攀升。媒体在突发公共事件的"爆发期"具有"告知"功能。突发公共事件爆发后，媒体成为公众了解相关信息最重要的渠道。尤其在情况不明朗的时候，公众对媒体的依赖性更强。权威媒体发布的信息能让人们消除恐惧和不安，及时采取应对措施，同时也能消除各种谣言影响，减少社会不稳定。

突发事件进入蔓延期后，影响已经渗透到社会生活的各个领域，造成的损害不断加剧，甚至有可能演变出新的突发事件。随着事件发展变化，舆论会深度发酵，议题开始分化，并会有新的进展，官方非官方的

_____

① 朱国圣. 突发事件网络舆情应对策略 [M]. 北京：新华出版社，2015：55.

消息散布出来，产生更加丰富的观点。这一阶段是突发公共事件解决过程中最困难、最急迫的阶段。媒体在此阶段发挥着"协调"的作用。通过上情下达、下情上达，充分组织、沟通、协调、动员、调配，保持信息沟通的顺畅，积极营造正能量的社会氛围，帮助民众树立应对突发公共事件的信心。

最后是消解期。随着突发事件本身的沉寂，大众对事件的关注度归于平静。在媒体、政府的努力下，事件相关情况逐渐明朗，大众对事件的真相有了明确的了解。但是后遗症的消除往往需要一个过程。这一时期，媒体主要承担"反思"功能。媒体既要参与突发公共事件的后续报道，更应该跳脱出来，充当一个"旁观者"的角色。回顾整个事件，梳理、总结、反思，清醒地认识突发公共事件的来龙去脉，并推动相关制度不断地改进。如 SARS 突发公共卫生事件后，引发了公共卫生体制改革及政府新闻发布制度的确立；三鹿奶粉事件引发了相关部门对食品免检制度的反思与改革。经过媒体的报道干预，最终推动了政府职能部门在体制和制度层面上的改革与创新，推进了制度的不断完善与进步。①

（二）突发事件报道策划的特性

突发事件报道策划，是指记者、编辑针对某个突发事件，在最短的时间里，努力发掘其新闻价值，谋划最佳报道形式，以求达到良好的传播效果和社会效应的过程。突发事件自身的特殊性决定了其报道策划也有着许多不同于常规事件策划的特性和要求。

1. 时效性

在目前媒体竞争异常激烈、以分秒定胜负的互联网时代，时效性是

---

① 张继宇. 突发公共事件四个阶段中媒体作用的研究［J］. 记者摇篮，2018（12）.

新闻报道的生命线，不同媒体之间的竞争首先表现在时效竞争上。突发事件发生突然，对新闻策划团队的要求更具有挑战性，要求其策划工作必须迅速及时，在事件刚一发生，就在第一时间做出反应，第一时间做出判断，第一时间抵达现场，第一时间发出声音，真正做到闻风而动、快速行动、果断出击，力求率先获得第一手资料，以达到先声夺人、有效压缩谣言空间的效果，给突发事件的处理营造良好的舆论场。

2. 谨慎性

由于突发事件的不确定性大而又影响深远，同时留给策划人员的反应时间少，因而对于突发事件的报道策划，策划人员要保持高度警惕，慎之又慎。要深入调查，仔细研究，弄清真相，在此基础上思谋对策，紧绷真实之弦，做到实事求是。报道突发事件所引用的材料必须是经过核实的，涉及具体数字、事件原委必须取自权威部门，不能道听途说，搞"客里空"报道。假如错过现场未能得到第一手资料，转载报道也要本着负责任的态度，核验后再转发。报道要有度，哪些该重点发，哪些该简发，哪些该缓缓再发要做好权衡。

3. 应变性

突发事件变化性大，决定了其报道策划也要随势而变，要关注事件的最新动态，并据此随时调整策划方案，否则，策划方案落后于事件的变化状态，就会使工作陷入被动，策划也就失去了应有的意义。

4. 现场感

突发事件发生都很突然，而且极具爆发力，对其加以报道应该有生动形象的现场描绘，让读者感受到现场氛围。对其报道应该有对现场的生动形象的语言描绘，或用相机拍摄现场照片，或用电视捕捉现场画面，或用录音采制现场声音，通过报纸让读者身临其境，让读者通过微博微信网络看到照片，通过电视直播看到实时镜头，通过电台连线音频传递，总之，通过有情、有景、有声、有现场、有画面、有细节的表达，来切实增强报道的真实性、感染力和影响力。

5. 连续性

突发事件的发生、发展和结束经历一个时间的过程，有的过程还比较长，必须连续不断地跟踪报道，提供充分的信息量。对突发事件的报道，还要把握节奏，根据报道事件的每一重要发展阶段和状态，根据事件爆发、发展、高潮、结束的不同阶段制定不同的报道策划，有节奏地将信息传播出去。

6. 立体性

突发事件的影响往往深远，因而对突发事件的报道不能停留在事件表面，就事论事，不能仅仅满足于报道事件本身，而应该广泛收集相关资料，多角度分析，既要报道事件的每一个重要阶段和状态，也要报道事件对各方面的影响，还要报道各方面对事件的反映等，既要有广度，又要有深度，让受众不仅看到事件本身报道，还能从中得到更多的启示教益；同时通过报道形式、报道手法、传播平台多元化，实现报道内容和形式的立体化。

【经典案例 4-1】

"上海静安高层大火" 专题报道一

新闻晨报火灾后第一天的稿件：

火灾消息稿（胶州路大火 42 人遇难）

事故回顾（悲情 "11 · 15"）

亲历者讲述逃生（午休夫妇被浓烟熏醒后，从 23 楼沿脚手架下爬获救）

事故原因的初步报道（失火前楼道里经常有刺鼻味道）

网友的感受哀悼（这一天是全上海的伤、全上海的痛）

医院的救治（不少伤者呼吸道被浓烟灼伤）

灾民的安置情况（灾民安排暂住宾馆）

高层建筑如何进行防火设计（高楼每14层应建个防火避难层、高层建筑如何防火？）

居民如何逃生（高楼火场如何逃生？）

解放日报火灾后第一天的稿件：

政府救助（全力做好现场搜救伤员、救治和事故调查）

事故消息稿（胶州路高层民宅大火已致42人丧生）

政府救助（全力抢救伤员安置居民）

消防队员救助（第一时间解下头盔给居民 第一时间背起居民朝外冲）

灾民安置情况（干部奔走安抚 市民守望相助）

上海青年报火灾后第一天的稿件：

事件回顾（悲28层居民楼着火 痛42条人命被夺走）

政府救助（静安紧急抽调百名干部陪护）

亲历者感受（"今夜我们守候，等你的消息"）

网友的感受（"老师，你一定要平安！"白领哭寻中学老师 网络寻师帖火爆）

社会互相救助（出租车私家车让道、白领推迟下班）

灾民如何索赔（律师：受灾家庭多找老照片）

山东商报火灾后第一天的稿件：

亲历者逃生经历、目击者感受、医院救治伤员、消防队员救援、火中自救知识（听！"海"哭的声音！）

网友的哀悼感受（网友建议在亚运赛场进行哀悼）

南方周末的稿件：

《最后的施工》：上海大火中的农民工，选择这些电焊工作为报道对象（上海警方公开了大火事故初步原因：由无证电焊工违章操作引起）。一方面报道这些农民工的辛劳，干活——睡觉——干活；另一方面，剖析电焊工证件申领之难，报名培训——考核——上岗证——三年复审（重新体检和考试），事故不能仅归咎于这些可怜的农民工。

《上海着火大楼是怎样建成的》，分析着火楼当年的建设规划情况，当年规划建两座楼，因为开发商钱不够，才"多塞进一座"（系起火的胶州路728号），作为商品房对外销售，以弥补资金不足；三座楼当年本来只要盖18层，最后加到了28层。维权居民诉求，如果在规划层面即得到应有重视，并在既有法律、法规框架内解决，11月15日的大火纵使不能避免，也不至造成如此惨重的损失。

《灾后"举一反三"遭遇尴尬潜规则》，反映近年来这些事故中，政府的应急和善后工作日益完善和程序化，从领导批示、现场施救、新闻发布到善后和行政问责，一系列程序都已形成规范，但为何看似完善的善后程序，一直无法转变为日常管理的长效机制，未能阻止一次次灾难重复发生？在灾祸发生后，政府部门的应急和善后工作到底是如何进行的？

【评析】

新闻晨报是本地发行量最大的都市报，报道详尽全面，发稿量是解放日报的一倍以上（12条稿件），包括对事件的回顾、亲历者的感受、网友的哀悼、医院救助、灾民安置、楼宇防火设计、火中逃生的知识，等等，侧重于现场情况及灾民感受。这是最具新闻价值、受众最关注的内容。

解放日报是市委机关报，报道侧重于救灾角度，突出政府的救助行为，维护社会稳定团结，安抚人心。

山东商报是外地都市报，发稿量不多但强度很大，头版头条、大图片，标题很煽情，侧重于报道亲历者逃生经历、目击者讲述现场情景、网友哀悼等。由于报道篇幅有限，且没有宣传任务，集中报道受众最关注的内容。

上海青年报也是本地都市报，报道比较全面，包括事件回顾、医院救治、政府救助、亲历者经历、网民感受、互相救助。为了避免同题重复和错位竞争，更侧重于有独家视角的稿件，比如从师生角度来发掘网民感受的稿件，社会互相救助的稿件，灾民如何索赔的稿件，在同类报道中体现出新意。

南方周末报道角度别具一格。在中国的媒体中，南方周末首先被认为是一个值得尊敬的媒体，一份有良知的、说真话的报纸，这是最大优势。它用现代新闻的操作方式，呼吁法治和公正，张扬人性和良知，关心弱势群体。报道对象是事件的直接制造者电焊工的弱势、着火楼当年的建设规划中暴露出的问题、政府应急和善后工作的种种不足和隐忧。

不同定位的报纸、不同区域的报纸，报道思路、报道重点、报道方式等都不同，这些都集中反映在报道策划上。

三、突发事件报道的三种形式

突发事件具有时效性强、变动性大、不确定性大、影响面广等一些不同于常规事件的特点，这就决定了其报道也有着不同于其他报道的鲜明特点。一般来说，突发事件的报道形式大致有以下几种。

（一）即时性报道

即时性报道是在突发事件发生后即有记者赶赴现场或从多渠道获取

信息，按照时间轴不间断发回的即时报道。既可以是文字，也可以是图片，还可以是微博、微信、新闻客户端，或全媒体广播连线，甚至可以运用直播设备进行现场电视直播、广播直播等。这类报道时效性很强，追求现场感，文字比较简洁，通过多种方式滚动播报。

（二）连续性报道

有些突发事件虽然发生很突然，却未必瞬间完结，其发展和结束还有一个缓慢的过程，受众也必然会关注事件新的动态，希望了解事情的来龙去脉以及有关细节、背景及相关事项等详细信息。在即时报道的基础上，继续追踪事件的发展过程及详情，进行连续性报道。对突发事件的发生发展的过程、事件发生的背景、事件发生的原因、事件处理的结果等，进行全景式、全程式、跟进式的报道，通过报纸、电视、网络等媒体，将事件的发生过程、人物故事、事件细节、深层次原因、经验教训等告诉受众。① 连续性报道时间较长，要求较高：它既要求记者不要漏掉新闻，又要求记者在众多的新闻中选择有效新闻；既要求记者有新闻敏感性，又要求记者有坚韧不拔的韧性；既要求记者密切注视动态，进行纪实报道，又要求记者超越本事件，进行更深层的分析和思考。②

（三）总结性报道

总结性报道是在突发事件出现后一段时间或结束后所做的报道，由于报道是在最后进行中，又可称作终结报道。这种报道在期刊中较为普遍。在做总结性报道时，事件发展的过程十分清楚明了，一切变化的因素都以静态的形式定格于历史空间，它所反映和说明的问题、要给社会和人们的启示均通过调查研究展现出来。另外，由于时间较长，编辑记者的准备工作比较充分，比如资料的搜集、背景的交代、图片的配搭以

---

① 蒋燕兴. 融媒体环境下的突发事件报道 [J]. 视听纵横，2014（6）.
② 赵振宇. 新闻报道策划 [M]. 武汉：武汉大学出版社，2015：200.

及形式设计等工作都可以做得更细，在报道质量、报道深度和广度方面可以做得更好，往往起到"后发制人"的效果。

【经典案例4-2】

"上海静安高层大火"专题报道二

新闻晨报火灾后第二天的报道：

悲痛上海

建议为胶州路火灾设公众哀悼日

他们，与亲人阴阳两隔

他们，至今未有音讯

未被烧毁房间内响起手机铃声

"11·15"大火初查：有人违规用电焊

温情上海

送花祭逝者

退休老师义务为灾民做心理辅导

警示上海

承建商曾因安全问题被点名批评

许多居民没碰过灭火器，更不会用

透视上海

漫长的27小时，全城行动

沪两大电视台频道打破常规直播灾情

【评析】

专题策划的优点体现在三个方面。一是由浅到深，对主题进行提炼与升华。报道分"悲痛上海""温情上海""警示上海""透视上海"

四个板块，从讣闻、缅怀与救助、反思与教训、阐发意义四方面，由浅到深，从渲染情感——引发行动——建构认同，对主题进行提炼与升华。透视上海，透视出人们对灾难的感受、处理、应对和反思中所体现的价值，即公民意识。尽管发生这样的灾难，有悲痛也有温情，有各种问题存在，但更有解决问题的决心和希望，这样一座城市是不是能让我们有一种归属感和认同感呢？报道唤起对上海这座城市的认同，城市共同体的意识就此建立起来，这就是透视上海的意蕴。

二是不仅客观报道新闻，而且主动设置话题、议题，发挥对社会生活的引导作用。比如《送花祭逝者》中晨报联手天涯、新浪发起线上祈福，得到了超过十万网友的热烈响应。晨报在报道中建议为胶州路火灾设公众哀悼日，随后市政府拟将11月15日设为公共安全日等。媒体不仅成为事件的报道者，也成为事件的参与者、组织者，其议题设置发挥了干预和影响社会的作用，同时也是对自身品牌的营销和传播。

三是对稿件内容进行分类，做到条理清晰。通过"悲痛上海""温情上海""警示上海""透视上海"四个板块，将零散的稿件整合成一个有机的整体。

四、突发事件报道的创新

（一）巧寻契机，以突发事件带出话题性策划

媒体工作者常常有这样的烦恼：热点、焦点好找，报道契机难寻。当遇到有突发事件出现时，不妨多问一下：这个新闻线索虽不理想，但能否通过巧妙的安排，成为热点、焦点的报道契机，为话题性策划报道打开局面。如《上海青年报》在上海静安大火的报道中就寻找话题，策划了《网络寻师帖火爆》《失火高楼"消失"还是保留？》等报道，引发大家的热议。这些话题既包括媒体自己设置的议题，也包括将公众

议题转化成媒体议题。

（二）以退为进，做深、做透突发事件

对某些突发事件的报道，还应做到以退为进。在新闻事件发生之初，一些要素还不明朗，若这时一味求快，就有可能造成新闻失实，或伤害报道对象，影响整个报道顺利进行。策划时遇到此类情形，不妨以退为进，宁可把报道的调子降得低一些，步子放得慢一些，也要避免图一时之快，带来负面效应。同时突发事件发生后，不能只报动态了事，而应深入地揭露问题，回答事件发生的原因、责任、后果影响、应对措施等相关事实，以增强报道的深度和力度。

【阅读材料 4-1】

突发事件采访报道中的一些注意事项①

1. 四个现场

突发新闻，在我们的实际操作中，主要就是指车祸、火灾、水灾、工地事故等几类事件性新闻。通常，我们接到报料后，根据报料，对事件大小做出基本判断。随后给报料人打电话，同时赶赴现场。而此时，你的同行，也在前往事件现场的路上。一条突发新闻，通常有四个现场。以火灾新闻为例：烈火升腾是第一现场；火起之后人员疏散以及自发救火是第二现场；消防、救护车赶到并实施救援，乃第三现场；伤员在医院，火灾清理完毕，是第四现场。作为记者，你必须以最快的时间，抵达现场，争取赶到四个现场里面，更靠前的现场。

---

① 杨昱. 突发新闻采访攻略 [M]. 南方传媒研究（第 14 辑）. 广州：南方日报出版社，2008：131.

2. 金字塔

赶到现场后，记者要干什么？首先是观察，基本确定事件大小、性质。接下来，寻找采访对象。记者要找的采访对象是什么人？我们要找的人，正好呈金字塔结构，最重要的人，或许只有一个，次重要的多一些，再次重要的，更多一些。在抵达现场时，甚至没到现场，我们就要清楚，事件中最重要的是谁，次重要的是谁，然后，想办法尽量采访到金字塔上端的人士。

以火灾新闻为例。假定，有人在某大楼5楼的咖啡店纵火，造成至少8人死亡数十人受伤，现场烈火升腾。记者抵达现场，他看到了火在烧，消防车在喷水，救护车停在路边等待伤者，上千围观者在惊叹。如果缺少经验，记者很容易在现场头脑空白，不清楚自己当前最紧要的事情是干什么。在这个金字塔最底层的，是大街上的围观目击者，人数最为庞大；上一层的，是事发时在大楼上班的，最好是4楼或者6楼的上班族；再上一层的，是当时在5楼喝咖啡的顾客或者咖啡厅员工；再上层的，是消防、医院、政府职能工作人员，死者家属等；再上层的是咖啡厅的重要员工或在现场的咖啡厅老板；最上层的，是纵火者。

记者到现场前，心中要有这个清晰图谱，到现场后，直奔有效采访对象而去，尽量避免在无效的底层采访对象身上耗费时间。任何一单事件新闻，都有个金字塔似的采访图谱，我们要做的，就是尽快找到更靠近塔尖的对象。

3. 随机突破

现场采访过程，其实就是个寻人的过程，如何寻找到核心采访对象，事关成败。在突发现场的突破点，难有具体的条例可以指导，最关键的只有四个字：随机应变。

比如一织布厂厂房顶坍塌，当时十多人在厂里工作，幸好有高耸的织布机顶住，使得大部门人得以逃生。全城媒体记者都采访了当场的伤者、目击者，并在事故现场徘徊。但是，都没能采访到工厂老板。显然，工厂老板是金字塔顶尖上的采访对象，我当时在想，珠三角的工厂，通常会在工厂周围打广告招员工，于是，我围着厂房周围寻找，果然找到了这个厂的招工广告，通过上面的电话，独家采访到了被警方带走配合调查的工厂老板。

又比如沙船撞轮渡，8人死亡。各家记者奔赴现场，都无法靠近肇事沙船。而南方都市报现场记者了解到沙船编号，在办公室的记者在网上通过编号查到公司名称，打114查到公司电话。随后，从公司值班员口中套出船主电话。由于船主正在赶回事发现场途中，又再次从船主口中套出船长电话。船长介绍事发过程和船上人员情况。第二天见报，只有南方都市报独家采访到核心采访对象。

我们除了正常途径获取采访对象的联系方式外，要有意识寻找特殊手段，比如通过网络、114查询，在现场有目的地寻找，以及委托特定人士采访。

4. 趋利避害

怎样才能让采访对象开口说话？站在采访对象的立场为他着想。所有人都在趋利避害，而我们在和采访对象的交流中，有效传递两个信息：第一，接受我的采访，对你（们）有帮助；第二，反之，有害。

比如某社区一对老年夫妇在家中被劫杀，家属在楼下恸哭。当晚还得发稿，必须尽快说服家属接受采访。于是记者走到死者儿子董先生跟前：董先生，节哀顺变，我是报社记者，我是来帮助你的。我体会你现在的心情，我们谁都不愿意看到这件事情发生，但是，你现在必须振作起来，接受我的采访。因为现在罪犯还在潜逃，警方才刚刚介入，现在只有媒体报道，才能让社会各界加大对事件的关注，从而使警方更积极破案。随即死者家属含泪接受采访。面对受害者家属的场景，在突发新闻中经常会遇到，而这种类似表达基本都能奏效。因为死者家属面对这突如其来的噩耗，内心慌乱，六神无主，会本能地拒绝采访。此时，记者则须以一种真诚而果断的姿态出现，记者成为受害人家属的主心骨，去帮助他们，而不能让人觉得你就是个明显的信息索取者。

第五章

地域文化报道的策划

一、地域文化的定义、特点与类型

（一）定义

地域文化，或者称作地方文化/本土文化，专指中华大地特定区域源远流长、独具特色、传承至今仍发挥作用的文化传统，是特定区域的生态、民俗、传统、习惯等文明表现。

（二）特点

地域文化具有地域性、传承性、多样性的特点。地域文化具有明显的地方性，这种文化相较于其他地域有明显的差异，并且最能体现该区域的特点；地域文化具有稳定性和传承性，它是历史上传承下来的，不是突然出现的流行文化和外来文化；地域文化是动态的，尤其是随着全球化、工业化和信息化的发展，各地文化间的相互渗透与相互影响加速，地域文化的内容在不断更新与发展。

（三）类型

从内涵上可以将地域文化划分为物质文化、精神文化、制度文化。

1. 物质文化

物质形态的文化，是地域文化最生动、最直观、最形象的呈现。它是文化的表层，是可以看到见、摸得着的，有大有小，大到建筑、街道，小到一件首饰，只要它有这个地方的特色，它就是地域文化的载体，这说明文化不是虚幻抽象的东西，而是有具体的存在方式。比如富有地域特色的历史建筑是地域文化的典型代表。如岳麓书院是中国历史上四大书院之一，作为世界上最古老的学府之一，其古代传统的书院建筑至今被完整保存，也是中国现存规模最大、保存最好的书院建筑群。它是湖湘文化的一个典型代表，因此，首先说它是湖湘文化的一个物质载体。

2. 精神文化

精神文化，指文学、历史、艺术、信仰、风俗等。包括长期育化出来的价值观念、思维方式、道德情操、审美趣味、民族性格等。这种思维活动和精神活动，是文化整体的核心部分。比如衡阳的迴雁峰，山虽不高，但有很多名人在这里留下诗词歌赋，文因景成，景借文传，故名扬天下。唐代诗人王勃在《滕王阁序》中有"雁阵惊寒，声断衡阳之浦"佳句；伟大诗人杜甫曾居衡阳，留下了"万里衡阳雁，今年又北归"的诗句；钱起、刘禹锡、柳宗元、杜荀鹤、王安石、文天祥、范仲淹等都留有脍炙人口的诗文。

3. 制度文化

制度文化如何理解？广义的制度（或者说一种规矩）在社会生活中到处可见。比如在教室里，学生和老师的关系就是一种制度文化。美国与中国就很不一样，也可以说是一种不同的地域文化的体现。国内有个著名的文化地理学家说过，在美国课堂上，老教授抱一堆书进来，没有学生上去帮他一把，课间老教授举着胳膊擦黑板，也没有学生上去帮忙。教室里闲着不少学生，但没有人去帮老师。这个国内教授问一个美国学生为什么不帮老师一把，他回答说："It is his job."（这是他的工作。）这是美国的学生和老师的关系，代表一种制度文化。广义的制度（或者说一种规矩）在社会生活中到处可见。比如在教室里，学生和老师的关系就是一种制度文化。比如集体活动排座次，回族人按到场的先后排座次，满族人按年龄排，汉族人按官职大小排。①

三种大的文化分类是概念上的，方便我们区分，但是在现实中，具体的文化事物，往往同时包括这三者。也就是说文化是一个统一体。比如岳麓书院，首先是一种物质文化，岳麓书院有五大古建筑群，分为教学、藏书、祭祀、园林、纪念五部分，是中国现存规模最大、保存最完好的书院建筑群，既反映了湖湘建筑特色，其建筑布局和结构，如中轴对称、层层递进的院落，又体现了儒家文化尊卑有序、等级有别、主次鲜明的社会伦理关系。从精神文化层面来看，历代书院的学规就是一种制度文化。大门上的对联"惟楚有材，于斯维盛"，就是一种精神文化的体现，反映出湖湘文化的精神内核，如王夫之、魏源、曾国藩、左宗棠等一大批仁人志士在这里或讲学，或求学，留下很多的著述，影响深远，这都是精神文化的体现。

从地域上，我们可以把中国的地域文化划分为少数民族地域文化、中西部文化和东部文化。

我国幅员辽阔，各地域之间不仅地理与人文环境差异大，而且经济社会发展也不平衡，由此形成了丰富多彩的地域亚文化。我们可以将中国地域亚文化划分为三大类二十一个具体类型。

1. 少数民族地域文化

第一大类是少数民族地域文化，主要分布在我国边疆地区，包括青藏文化、新疆文化、内蒙古文化、宁夏回文化、广西壮文化等。

---

① 唐晓峰. 文化地理学释义——大学讲课录 ［M］. 北京：学苑出版社，2012：13.

2. 中西部文化或内地文化

第二大类是中西部文化或内地文化，包括三晋文化（山西）、中原文化（河南、河北南部）、关中文化（陕西）、荆楚文化（两湖）、淮南文化（长江以北的安徽地区）、赣文化（江西）、巴蜀文化（四川东中部）、滇黔文化（云贵高原大部）等。"天上九头鸟，地上湖北佬"这一俗语久为人知。据说，"九头鸟"有九头，充满智慧，这与湖北人才辈出、"惟楚有才"的美誉相对应。

3. 东部文化

第三大类是东部文化，主要分布在我国东南沿海和东北大部地区，包括岭南文化（广东、福建）、江浙文化（浙江、江苏和长江以南的安徽地区）、上海文化（上海地区）、齐鲁文化（山东大部）、京津文化（包括河北东中部）、关东文化（东北大部）、台湾文化和港澳文化等。

二、地域文化传播的现状与意义

21世纪以来，中国兴起一股传统风俗、饮食、戏曲、民居等本土文化重建热潮，地域文化传播就属于这一重建热潮的重要组成部分。

（一）地域文化传播的现状

一是报纸专、副刊。近年来，地方报纸非常重视对本土地理与历史文化资源的开掘，纷纷开办具有浓郁地方特色的文化专刊。如《南方都市报》2000年推出"广州地理"专版，当时轰动一时，很多读者将其收藏。《新京报》2003年创刊之初开设"北京地理"专刊，并依托专刊出版了一系列畅销书籍。《潇湘晨报》的"湖湘地理"也是省内知名的传播湖湘文化的专刊，另外如《申江服务导报》的"发现上海"、《大河报》的"厚重河南"等。一般来说，各地的主流报纸都会有传播地域文化的专刊、副刊或栏目。

二是电视纪录片。在影视界，《江南》《徽州》《望长安》《远方的家》到《记住乡愁》等一系列人文历史纪录片的创作，均以影像重构全球化语境下的地方性知识。

三是微信公众号。各地还有大量地方旅游类、美食类、消费类的微信公众号，大量传播地域文化。

四是图书。近年来，老照片、老房子、老城市等系列图书以传播地域文化为特色，一出版就热销。

五是网站、微博等也有大量传播地域文化的内容。

地域文化传播的兴起，与传统风俗、饮食、戏曲、民居等本土文化重建热潮，均表明了地域文化成为中国当代流行的文化思潮和社会现象。

（二）地域文化传播的意义

地域文化的兴起有着深层的思想文化动因和社会心理诉求。它是随全球化运动而产生的文化传统的失落感和追忆情绪的体现，又是塑造有个性的地方形象以配合地域竞争的产物。

对老百姓来说，首先满足一种文化乡愁。每个人都有自己的故乡，对故乡会有一种天然的亲近感与认同感。全球化、工业化与城市化这样一种现代化进程，造成了同一性的思想和景观。全球文化趋同现象的出现，威胁了地域文化和传统的延续，人们会产生一种失落感。这种亲近感、认同感和失落感叠加在一起，就产生了一种文化乡愁，大家会怀念过去的、本土的东西，我们生产的地域文化产品就是满足人们的这样一种乡愁，这就是所谓的重建地方感的行动。

对政府、资本和商业来说，塑造城市形象，助力区域竞争。中国的地域竞争日趋激烈，各地在经济、文化、教育、外贸等各个领域展开竞争，当代地域竞争的主题渐变为以地域形象为代表的文化软实力的较量，地域文化成为重塑地方形象的主角。因为"文化即资本"，地方物质文化遗存、地方历史人物及其精神价值，以及各地创造的一系列文化象征与文化符号等，均具有鲜明的资本属性和资本意义。通过传媒创造有特色的地域文化，增强地域吸引力和凝聚力，成为重要的地域竞争策略。

在做地域文化报道时，从宏观上思考，选题和策划能不能满足老百姓的文化乡愁，能不能有助于塑造城市形象。当然地域文化传播的意义不仅仅这两点，还有保护和传承地方文化等。

三、地域文化报道策划的特点

（一）挖掘地域文化的传统与乡土内涵，彰显地域独特性，建构地方认同

地域文化的特点就是具有明显的地方性和传承性。地方性和传承性如何体现出来？那就是通过富有地域特色的自然人文景观、历史建筑、历史人物、地方民俗、地方美食、传统手工艺、民间艺术、传统节日等。从选题上来说，要从这些方面去着手，重点挖掘其中所蕴藏的传统性和乡土性内涵，提供地方性知识，彰显地域独特性，并借此建构起对地方的认同与归属感。这是我们做报道策划的一个着眼点。①

1. 地方景观是最重要的报道选题来源

景观有地方景观与流行景观之分，地方景观是指有地方特色的景观，很多城市都有八景，如衡阳八景、永州八景等，这些景观都是具有历史和文化积淀的地方景观，具有丰富的传统性内涵。流行景观是指各地流行的、大体相类似的现代化景观。中国现代化的进程就是一个地方

---

① 邓庄. 探析地域文化专刊的地域书写 [J]. 新闻战线，2017 (9).

景观不断消逝、流行景观不断涌现的过程，因此有"千城一面"的说法。我们做地方文化的选题策划，首要的是选择地方景观来报道，它蕴含丰富的传统性和乡土性，往往蕴含了精神文化和制度文化，比抽象的观念、信仰等制度文化、精神文化更形象生动，更易于表现。

【经典案例5-1】

"寻景记"是潇湘晨报寻访古潇湘八景的专题报道，这是该报做过的一个有影响力的报道，之后还集结成书出版——《溯水行》。专题八篇稿件，分别是永州的萍岛、衡阳回雁峰、衡山清凉寺、湘潭昭山、长沙橘子洲头、湘阴的一个渡口、岳阳城陵矶、常德桃源。

潇湘夜雨：一座岛，两个人（永州萍岛）

平沙落雁：衡阳还在，只是大雁已不再来…（衡阳回雁峰）

烟寺晚钟：6月1日黄昏，清凉寺钟声（衡山清凉寺）

山市晴岚：昭山，在冷清与迷茫之间（距湘潭市区15公里）

江天暮雪：橘子洲，上天赐给长沙的（长沙橘子洲头）

远浦归帆：湘江尽头，那远逝的帆影（湘阴的一个渡口）

洞庭秋月："一个风景，一个生路"（岳阳城陵矶）

渔村夕照：沅水上最后的渔民（常德桃源）

手记：美到功利为止

寻景记
逐水而行，寻访已经消逝和正在消逝的潇湘八景

"潇湘八景之说，起于唐宋之际。"其最早的记载，见于北宋沈括《梦溪笔谈》第17卷。

所谓"八景"，即"潇湘夜雨、平沙落雁、烟寺晚钟、山市晴岚、

江天暮雪、远浦归帆、洞庭秋月、渔村夕照",分布于湘江流域的中、下段。

考证各种史料,"潇湘夜雨"所在地为永州市芝山区的蘋岛;"平沙落雁"大概是指衡阳市回雁峰下,湘江沿岸一带。前者正是湘江上游与中游分界处,后者处于湘江中游。

"烟寺晚钟"的"寺",说的是原来衡山城北的清凉寺,已毁,寺庙旧址现为衡山县二中所在地。湘江在此段刚出中游不远。

"山市晴岚"在长沙与湘潭交界的昭山;"江天暮雪"是描述长沙市橘子洲冬天的景致。这两景皆位于湘江下游段。

而"远浦归帆""洞庭秋月""渔村夕照"所指地点,分别在今湘阴、岳阳、桃源,属洞庭湖区一带。

2004年4月,为了寻找湘江源头,我们曾辗转追溯到广西的一个小山村,在那里,面对峡谷间一线几近干涸的溪流,感叹一条大河的"身世沧桑";两个月后的今天,当我们再次沿湘江而行,同样的感受重重叠叠,挥之不去,这一次,是为了这条漫长的河流上,那已经消逝和正在消逝的风景……(邹容,潇湘晨报,2004-7-3)

【评析】

该选题策划体现出地域文化传播的意义。一是抒写古潇湘八景自然与人文交融之美。在对潇湘夜雨、平沙落雁等的报道中,表现了景观之美,既有对自然之美的描述,又有对古代诗文、神话传说、名人踪迹、文化遗存的摘引记录,体现出自然与人文交融之美。二是表现出对传统消失的一种失落感,一种文化乡愁。文中弥散着一股淡淡的忧伤与失落,及对于传统消失的一种留恋与惋惜。三是批判对历史人文景观的破坏,包括自然环境的变化导致风景的消逝,商业化的发展、城市化的发展及物质的侵袭造成了风景的消逝。一为"无力挽留",这是时代发展的趋势导致风景的消逝，比如运输工具从帆船到汽车、火车、飞机，远浦归帆的景象必然消失；二为"忘了挽留"，属于被人遗忘的风景，比如潇湘夜雨；三为"无心挽留"，即商业开发、经济发展的诱惑导致风景的消逝，人们抵御不了现代化的诱惑和物质的吸引，比如平沙落雁。

这些文章与新闻既相同也有不同。相同之处在于真实，但新闻是写实，以客观叙事为主，这些文章主观性比较强，抒发个人的感受与情绪多，更接近于散文，要求文笔优美，不仅写实，也要抒情。

2. 各地民俗也是重要的报道来源

各地民俗具有浓郁的地方、乡土色彩，集中体现了地域文化的传统和乡土性，也是重要的报道选题。民俗学家认为，民俗文化，诸如民间曲艺、民间手工艺、民俗活动等属于非物质文化遗产，是社会底层的生活文化，起到维系人与地方之间的重要生活纽带和情感桥梁的作用。

【经典案例 5-2】

湖南卫视系列专题片"记忆乡愁"
湖南衡东：草市镇"打铁"

常言说："世上三行苦，打铁摇船磨豆腐。"这说的都是苦力活。在湖南衡东县草市镇还有两家十里八村都知名的铁匠，凭祖传的手艺，养家糊口，被当地人称为"铁汉子"。

铁锤挥舞，先祖的技术在他们手上滴水不漏地传承下来。

我从小就看着我父亲做（打铁）嘛，我父亲让我学嘛。还是学一行爱一行嘛。（同期声）

在乡人眼里，刘林生是一个能人，各种农具都会打，一天打铁14

个钟头，要抡上两万多锤，虽然腰酸背痛，一天到晚还是面带笑容。

一把斧头经过 30 多次来回煅烧，要用 10 多公斤的铁锤敲打 3000 多下，最后淬火，便是考验铁匠技艺了，滚烫的斧头放进水里，迅速降温，硬度更强。

铁要绵，能耐高温，钢要硬，刀口才好，破铁烂钢打不出好刀。单新根打一把刀，要反复煅烧 28 次，敲打 1600 多锤。

夫妻俩觉得，放下了锤子，就不再是自己的人生了。这一辈子活着就是打铁，站着活，千锤百炼，活得能够在钢铁上留下声响和痕迹。

【评析】

片子的主题是什么？想要传达一种什么意图？上述是一种人文景观，这里是一种非物质文化遗产，一种传统手工艺。打铁不仅是一种安身立命的谋身技能，还体现出一种勤劳朴实、乐天安命的生活态度，这是一种传统的传承，传承不仅是一种技能，也是一种价值观、一种生活态度。留下什么痕迹？留下的是一种人生态度、一种职业精神。这种职业会消失，但传统手工艺体现的精神内涵不应该消失。

我们策划地域文化报道，不仅要表现一种有地方特色的景观、民俗，还要挖掘其中蕴含的传统文化和传统价值观，这种精神内核更为重要。为什么报道民俗？因为对市民喜闻乐见的传统民俗的报道，为市民提供强有力的地方认同的依据和意义，因为只有从过去，从传统、从历史文化遗产中，现代都市人才能获得认识自身以及环境的必要知识，才能认清自己是谁，是从哪里来。①

（二）注重考察地域文化的历史变迁，在时间脉络中重建文化地图

---

① 邓庄. 探析地域文化专刊的地域书写［J］. 新闻战线，2017（9）.

这里引用一个学术观点："地域文化是历经岁月积累而成，特定地域文化的基本形态，出自该地域的历史生活现象；特定地域文化的基本意义，源于该地域的历史文化价值，这就形成了'历史本体'的地域文化价值观。"①

用通俗的话来说，看一个文化事物，要看它有没有悠久的历史，有没有文化积累的深度和厚度，这成为对地域文化认识和评价的基本视点。既然地域文化是有历史积淀而传承下来的，那么是不是要表现这种地域文化的历史呢？因此，历史视角对于策划地域文化报道不可或缺，因为不认识和不报道这种地域文化的起源发展和前因后果，就不能说真正掌握了它。

《新京报》"北京地理"编者宣称："致力于记录各种类型的城市空间的变化，以及由此引发的人的居住经验的变化"，关注的是"那些祖传'家珍'在时间中的命运，关心它正在被什么所覆盖、扭曲，或者说，诡谲的现代生活在如何改写、重塑城市历史与记忆。"② 这正体现出地域文化报道的一种策划理念，即运用历史视角来考察地方景观、地方风俗和文化观念等的变迁，解码其中蕴含的历史、社会因素，以帮助读者在时间脉络中重建城市的文化地图。在这样的"地域书写"中，地域感总是与地方历史交织共生，将群落、景观、风俗、宗教等地域文化元素在现代化过程中裂变挣扎的过程，记录为新的地域文化风景。

---

① 刘坚. 媒介文化生产与地域文化意义的构建［J］. 吉林大学社会科学学报，2012（5）.

② 新京报. 北京地理·王谢门庭［M］. 北京：当代中国出版社，2005：2.

【经典案例 5-3】

长沙四条"人名路"考

它们，是一座城市在光阴和时局中的背影

中山、中正、黄兴、蔡锷，长沙历史上的 4 条"人名路"考

长沙开始拆除城墙，将街衢坊巷连成马路的历史，不过 80 年。第一条中山路，第二条中正路（解放路），皆为东西走向，命名皆遵循民国惯例。1948 年，黄兴、蔡锷公葬岳麓山 31 年后，两条以他们命名的南北向道路拉通。到 1949 年中正路被解放路取代，1971 年黄兴路、蔡锷路被流行改为大庆路、大寨路之前，四条人名路，在长沙共存在了一年。除了交通地理的意义，它们似乎也为在光阴和时局中变换流转的城市，做了一个隐喻的观照。

画家陈丹青在一次和青年作家韩寒的对话中感叹说：小时候出生的地方还在，这已经是一种非常奢侈的经验。

中山路

1930 年，这条原贡院街被修成了长沙第一条柏油马路。

从清光绪三年的《善化县志省城图》（善化，长沙旧称）上可以看到，现中山路一带最显赫的两处，一是抚院，二是贡院。长沙贡院 1723 年设立，当时有 8500 多间考棚。这个位置曾是明朝吉王的藩地，即现在中山商业广场一带。

贡院建好第二年，原来要越洞庭去湖北的试子们都涌来长沙，长沙城里还因此一下子增加了许多客栈。

贡院所在地就叫作贡院街，第一次改建是 1930 年，第一次国共合作时期，也是长沙建设的高峰期。由于地点显要，动迁工程慎重，当时的湖南省政府还特别成立了"让街委员会"。作为长沙的第一条柏油马

路，其修成时十分风光，并按国民党修筑马路的传统，被命名为中山路。传统上，被叫作中山路的，都是城市里的重要干道，南京、广州、天津、厦门、青岛皆如此。

长沙的中山路 1930 年 2 月开始修建，当年 7 月完工。东起小吴门，西到河边头，长度跟现在已经基本一致，1300 多米，路幅 8 米左右。按照现在的车道换算，大概是双车道标准。

长沙标准时间从天心阁的午炮变成了中山亭的电子钟。

中山路与吉祥巷对接的地方有一幢房子，原来是巡抚衙门卫队的营房，中山路修成时，营房上花 400 银元从德国进口的四面电动标准时钟也同时落成。从此，习惯了以天心阁城楼午炮对时的长沙市民，有了真正的公共标准时间。这栋楼的名称，就叫中山亭。2001 年进行黄兴北路和中山路对接工程时，已成为"拦路建筑"的中山亭差一点被拆掉。今修缮完存。

湖南三大建设：国货陈列馆、中山马路、木炭汽车。

国货陈列馆位于中山路偏东地段，1934 年开馆时，被称为湖南三大建设之首。陈列室设在 3—5 层，一、二层出租做营业铺面，卖绸布、瓷器、首饰、湘绣，一律为国货。一层临街门面的 5 个号子尤其引人注目，分别是由商务印书馆、江西瓷器店、三友实业社、湖南商药局和丁制鸭绒厂租赁，"店员一律着灰色长衣，衣冠楚楚"。1998 年，改称中山路百货大楼的陈列馆被迫关闭。今改为出租门面的中山商业广场。……（操婷，潇湘晨报，2009-12-15）

【评析】

从内容上，报道主要讲述街道的历史，即它的由来、商业生活的繁华和老百姓丰富的日常生活。在报道中，街道的呈现被赋予了历史的连贯性，街道周围的著名场所被集合在一起，并串连起与街道有关的历史、文化、人物和事件，体现了城市的历史文化底蕴。

以中山路为例，作者用 4 个时间节点——1723 年、1930 年、1934 年、1998 年，表现历史的连贯性，侧重表现商业的繁华、民众日常生活的丰富与热闹。这里所体现的历史，是一种微观的历史，不是由官方书写的标志性的大事件，但它是更生动、更鲜活、更个人、更生活化的历史，所以这样的书写丰富了我们对历史的认知。

从方式方法的运用上，作者采用了历史文献回顾、历史照片、亲历者口述、实地探访等多种方式，回溯长沙街市的盛况，让老长沙的建筑、风俗、文化和人物"复活"，让市民了解了长沙，知道了自己的来源。

近年来方兴未艾的公共历史学开始广泛应用到学术界之外的广阔社会领域，包括政府机构、企业、媒体和个人，公共历史学提出了解和理解原始的历史材料，不只是局限于文字材料，还包括建筑物、场景、遗址、文物、诗文、日记、口述记忆、影像资料和电子文献等多种资源，媒体也运用这种方法来从事相关报道。

（三）强调抒发人的主观感受，反映人与地的关系

与传统的自然地理学不同，现代人文地理学试图让人的感受重返地理的中心。比如北京的国家大剧院，外形像半个大鸭蛋，它被修建在天安门广场西侧这个特定地方的意义是什么？对人的内心产生什么影响？不同的人如老北京人、外地人、外国人等对此有什么不同看法？对这些问题的研究，体现了人文地理学不仅关注文化景观的有形物质外观，而且要寻找作用到人的文化心理的符号象征意义，表现人的文化思想。这种人文地理学的研究视角也被广泛应用到地域文化的相关报道中。

1. 表现作者的感受与体会

地域文化报道必须摒弃传统新闻报道所坚持的"客观性",提倡在新闻采写中将记者的情感、经验、感受、观点直接夹杂在其中,从而使报道充满一种个人的意识、观点性的倾向以及某种情感的诉求。表现这种感受时强调现场寻访,通过自己所有的认知器官去体验、感受并挖掘,可以是对景观与民俗的赞美,可以是对先贤达人的崇敬,也可以是对文物古迹拆毁或保护不当的遗憾,对民间手工艺传承的期盼,体现出记者对地域文化变迁的思考。抒发采访者的主观感受,将历史变迁与个人心灵感应相结合,把个人化的感觉和思考融入历史。

2. 表现民间老百姓的声音,平民色彩浓厚

解读"人与地的关系",强调"让主体陈述自己"。一条胡同的主体是谁?主体是生活在那儿的居民,他们有讲述的权利。要突显地域特色,最重要的是要能将这个地方与这个地方的人们的历史记忆紧密结合,让生活在这里的居民自己来讲述其居住和生活史。

【经典案例5-4】

那年白沙液街没了酒厂,这个月,我的"故居"也要没了

原来已没了。

当年住白沙液街时,每周一起夜爬岳麓山的"爬友"告知,除了我们的集合地点武警医院,周边一片已拆除殆尽。

我住的那栋也拆了?拆了。

按照文艺女青年的搞法,"故居"没了,我应该"心里轻叹"一声才对。我是有多淡漠呀,秋风里埋头啃大闸蟹,波澜不惊。拆了就拆了吧。

我在这条街上，足足住了五年。自己跟自己别扭的青春，就此消磨完。这样想来，真的应该怅然一下，缅怀一下。

除了门脸变成楼盘，白沙液街似乎经年未改。如你所知道的那种市井老街，灰灰的颜色，一个接一个小门面的店铺，应有尽有。与之垂直的横街上，溁湾镇菜市场更是让人爱恋，卖菜的游摊从早到晚把街占满，菜农亲自出马，新鲜又便宜。早点选择多达一二十家，深夜11点卖水果的一溜摊子也还灯光明亮，只是把白天争相吆喝的喇叭关掉了。你可以想象我有多爱这个鬼地方，每次从拥挤的人群以及不识趣闯进来的汽车、摩托车中躲闪腾挪穿过，我心里总是会微笑：瞧，这才是烟火人间。这让搬到韶山南路的我至今不能适应，新住所周边对我来说，简直是"荒芜"。

……

对于白沙液街，想来，最念的，是它所积聚的世俗暖意。我不关心将来它楼将建多高，房要卖多贵，贡献了多少GDP，今夜，我有点想知道，遍布"拆"字下，你们都去哪儿了。卖浏阳蒸菜的，修电脑的，理发的，卖麻辣烫的，爱看《还珠格格》的，你们。（潇湘，潇湘晨报，2010-10-25）

【评析】

为什么一个普通的地点对作者有不同一般的意义？该地有什么内涵和意义？地点表示一个位置、一个场所，是人类活动最基本、最重要的发生地。地点意味着一种个人身份认同感，说明"我们是谁"的感觉。地点意味着一种家的感觉，舒适感。地点象征着一种社区感，成为大集体的归宿感。美国著名城市规划学者简·雅各布斯在她的名作《美国大城市的生与死》中认为，城市必须要有喧闹声和街市，必须有那些发生在拱廊街上的有规律的商业交往，只有通过这些时常发生的人与人之间的交往，城市生活才真正形成。雅各布斯寻找的城市特性实际上就是培育和促进我们同所居住地点的天然联系，街道由此在人们之间培育了"邻里纽带"，成为人们可能形成亲密持久关系的场所，为人与人之间的紧密联系奠定了基础，人们借助街道构建起个人的身份认同感以及社区归属感，城市共同体意识由此强化。

　　文中的"我"既是作者又是居民，文中所表现的白沙液街就是一个方便、热闹、富有生活气息的场所，它培育了人与人的亲密关系，建立了一种"邻里纽带"，形成一种社区归属感。作者在文中表达了对故居的留恋，对故居被拆毁的惋惜，对朋友亲人的牵挂，同时也是对大规模城市改造的一种批判，希望保护邻里关系与传统生活方式。

【经典案例5-5】

中国之声《致我们正在消失的文化印记》专题报道

　　《致我们正在消失的文化印记》是中国之声联合多家广播媒体推出的大型系列文化新闻报道，聚焦那些慢慢消失的文化传统，以"广播纪录片"的形式，讲述文化流变的现状。《致我们正在消逝的文化印记》聚焦于我国许多濒临消失的非物质文化遗产，例如"地名故事"，一共有六篇报道，其中有开封县、襄阳等地名故事；"民间艺术"里有花鼓戏、彩调、二人台、昆曲、京剧的乾旦等一些即将面临失传的文化遗产。

　　【评析】

　　1. 题材选择注重发挥广播优势

　　该系列报道的第一季主题为"拯救方言"，共推出五篇报道，分别讲述了上海话、陕西话等方言的现状。第一季主题的选择非常巧妙。其实这不算是一个新鲜的新闻选题，此前有不少媒体都报道过方言危机，但相较于那些平面文字报道，中国之声的报道充分发挥了广播媒体制作音频的特长，将那些正在消失的方言直接送入听众耳朵，更具冲击力。

2. 报道形式多元化

《致我们正在消逝的文化印记》突破了以往只有音频的单一内容，结合了视频、图片、文字评论等多种形式，丰富了文章的内容，也提高了读者的阅读兴趣。

《致我们正在消逝的文化印记》分为七个系列：抢救方言、匠人传奇、地名故事、节庆风俗、职业传承、古村行走、声音记忆。每个系列除了有音频和文字之外，都会有6—10分钟的短视频。读者不仅可以听，还可以观看，视觉和听觉的结合更能增强读者对传统文化的认识和了解，激起大家保护传统文化的欲望。这档节目关注的是整个中国的传统文化，小到语言文化，大到一座城市的文化。

《致我们正在消逝的文化印记》戏曲季的第五篇《花鼓声渐远，风光何处寻》中的音频最开始不是直接播放主持人的颂词，而是先放了十五秒人们最为熟知的《刘海砍樵》花鼓戏，调动人们的记忆和情绪；再配上视频，读者更直观地感受花鼓戏是怎么样的，演员的表情是如何的，台下的观众又是什么样的状态。往往人们对于画面的记忆要比对声音的记忆更有印象，所以从视觉和听觉上，都能提高传播效果。

3. 以互动提升报道影响力

（1）未播先互动，提前为节目造势

在节目正式开播前一周时间里，"中国之声"公众号每天都会推出与各地方言有关的互动，邀请听众参加，提前为节目造势。第一次互动"方言播新闻哪家强？快来和我们PK吧！"邀请各位听众用自己的家乡话播一段"中国之声"王牌栏目《新闻和报纸摘要》节目的开篇语。

这篇邀请观众互动的推文一开头就写到方言是情感的共鸣和文化身份的象征，并用显眼的蓝色粗体字为即将播出的节目打出预告。接下来，为了激发听众的参与欲望，推文里放了一段当天"正版"《新闻和报纸摘要》的开篇语和一段由"中国之声"著名播音员们用各自家乡方言播出的开篇语并进行对比，邀请听众在其中寻找自己家乡的方言。在此基础上，节目组向听众征集语音新闻，参与方式十分便捷，只须在公众号下方的输入栏直接发送语音消息就好。除节目常规开篇语外，听众还可以加上一段最想与大家分享的喜事，只要将时间控制在 60 秒以内即可。

推文发布的第二天，就收到了来自四面八方的听众的来信和反馈。与此同时，平台又紧接着推出特辑推文"小编听不懂"，把那些难以辨认的方言整合到一起，和听众一起分享猜猜看是哪里的方言。推文一发布，就收到了很多听众的留言和分享，文章的浏览量也从以往的3000—4000 到 10000 多的翻倍增长。短短的两天，平台推出的方言互动推文取得了比较好的传播效果。①

（2）利用推文的机会与用户互动沟通，增强用户黏性

每篇推文都加入了各类互动环节，如小测试、评论留言、放上听众作品邀请其他听众评论等。通过这些互动，既加强原报道的影响力，也在无形中维系了听众关系。

节目组还推出了"方言四六级，邀你来出题"活动，邀请网友直接在该篇推文评论留言区将家乡话中最有趣、形象生动、常用的词汇或说法写出来，附上读音和解释以及一两个例子。编辑团队对网友互动的反馈也十分及时，第二天就在整理网友评论之后，精心挑选了各地最有代表性、最奇特的方言推荐给所有用户。

---

① 杜佳汇. 借力微信公众平台，传统广播开启互动新方式——以《致我们正在消失的文化印记·方言篇》为例 [J]. 声屏世界，2016（10）.

第六章

经济新闻报道的策划

一、经济报道的发展历程

作为经济人，分别有三重角色：生产者、消费者和投资者。生产者，通常可以理解为一个人的职业，他或她赖以谋生的手段、所担任的社会角色，如工人、农民、厂长、经理、医生、演员、教师、政府官员，等等。传统经济报道以生产者为核心受众，将生产作为经济报道的主要内容，很难找到共同兴趣。所以，传统的经济报道通常是从工作角度找新闻，以工作报道为主，报道主体通常是厂长、经理、政府官员等少数人，充其量挖掘几个典型，加上几个劳动模范的感人事迹。

在以生产者为核心受众的年代，尽管经济报道所占份额很大，从事经济报道的编辑记者也很多（工交部、农村部一般是较大的两个部），但关心和喜欢阅读经济报道的人很少。这也注定了传统的经济报道，必然向以消费者为核心受众的市场报道和以投资者为核心受众的财经报道演变。

人人都是消费者，以消费者为核心受众，媒体一扫传统经济报道只与少数人有关的沉闷气息，很快开创出一个生机盎然的全新局面。以消费者为主体，又可细分为许多市场，如：男性市场、女性市场、中老年市场、儿童市场；大众消费中的蓝领、白领、金领；低端市场（廉价品、折扣品）、中端市场、高端市场；高端市场又可进一步细分为房地产市场、汽车市场、IT市场、黄金饰品市场，即所谓十万元级、百万元级乃至千万元级的划分；还有物质消费市场、精神消费市场（娱乐、文化、旅游、教育等）以及消费品市场、生产资料市场（钢材、木材、水泥等），等等。多方位的、色彩斑斓的消费媒体几乎映红了所有媒介，并为之带来了丰厚的利润。①

投资者的到来比消费者更晚。有了钱，人们总是先满足消费需求，然后再想到投资，想到钱生钱。从改革开放前的1978年中国城乡只有不到200亿存款，到2017年底存款达164万亿元，外汇存款跃居世界第一，达3.13万亿美元，极为清晰地揭示了中国人作为投资者的需求和市场潜力。数量众多的股民和基民，而且绝大部分有文化，有思考，有财力，财经报道有着极为庞大的受众群。由于财经报道和财经媒体是人民富裕起来的产物，因而起点较高，包括受众群体、报道人员的知识结构和薪酬、稿酬以及报刊定价等，都较一般媒体为高，于是也成了媒体投资人竞相逐鹿的场所，许多财经媒体创办时动辄数千万元，甚至上亿元。

以投资者为核心受众，财经媒体可以分为专业性财经媒体、综合性财经媒体、财经类公号等。专业性财经媒体主要围绕特定的投资工具和投资市场做文章，如《中国证券报》《上海证券报》《证券时报》《中国保险报》《中国房地产报》《中国期货报》等。综合性财经媒体基本涵盖所有投资市场和财经领域，如21世纪崛起的被称为"三大财经媒体"的《中国经营报》《经济观察报》和《21世纪经济报道》就是其

---

① 贺宛男. 财经报道概论 [M]. 上海：复旦大学出版社，2009：1.

中的代表，还有央视二套财经频道。还有财经类公号，如吴晓波频道等。很多综合性媒体也布局财经报刊、财经节目和微信公众号等，形成财经媒体矩阵。而"第一财经"是中国品种最完整的财经媒体集团，包括电视、日报、周刊、网站和研究院。

市场经济理论认为，消费者和投资者是市场的上帝，因为只有有了消费者，企业的产品和服务才能转化为利润；而企业要生存、要发展、要壮大又离不开投资者。概言之，市场经济列车的运转，必须依靠消费者和投资者这两个轮子。可是在现实生活中，作为上帝的消费者（尤其是普通消费者）和投资者（尤其是中小投资者），又往往处在弱者的地位；正因为如此，以普通消费者和中小投资者为立足点，为弱者鼓与呼，是以消费者为核心受众的市场报道和以投资者为核心受众的财经报道的共性，也是这类媒体义不容辞的责任。①

新媒体时代，新闻传播的速度加快，对传统媒体及其新闻生产带来巨大冲击，对经济新闻的生产既带来了挑战，又创造了机遇。经济新闻本身的专业性和其他优势，让其在这场变革中占据一定的话语权。首先，很多新媒体的内容是对传统媒体发布消息的二次传播，同时各种借助网络东风兴起的自媒体也带来了许多新问题，如信息碎片化、报道失实等，饱受诟病。经济新闻专业性很强，门槛较高，在内容和信息来源等方面有着严格质量把控，具有比较强的品牌优势，其权威性、公信力等是自媒体所不易逾越的。只要加快转型升级，发挥媒体融合的优势，实现新闻内容、传播渠道和平台的创新，同时充分发挥传统媒体的品牌和用户优势，可以实现经济新闻生产的创新。

---

① 贺宛男. 财经报道概论［M］. 上海：复旦大学出版社，2009：5.

二、经济新闻的类型

在告别传统的经济报道之后，我们可以把经济新闻分作四种类型，即市场新闻（特指消费市场）、产经新闻、政经新闻和财经新闻。

消费新闻或市场新闻，以市民为主要受众，关注老百姓最关注的内容，如消费、日常生活等内容。产经新闻由传统的经济报道转型而来，以产业经济和区域经济为重点，因为区域不同，其重点产业和支柱产业不同。政经新闻则往往涉及一个国家和地区的经济安全和政经大局，通常已上升为政治问题，如中国"入世"、东南亚金融危机、世界石油变局、美国次贷危机，等等。财经新闻即以投资者为核心受众、以投入产出为主线，通常指的是证券市场和各类金融投资市场的新闻。当然，四类经济新闻也会互相交叉，如产经新闻除了引起产业领域和地区官员的重视外，往往还为有关投资人所关注，因此从某种意义上说也是财经新闻；政经新闻则为所有人——从国家元首到平民百姓——所关注，但这种关注并不像市场新闻和财经新闻那样，有特定指向或切身利益，因此，四类经济新闻还是有各自边界可以大致区分的。①

【经典案例 6-1】

"沃尔玛上海开店" 报道案例

沃尔玛上海首家门店今迎客

在进入中国市场将近 10 年之后，沃尔玛登陆上海的首家门店定于今天开门迎客。还没等市民看到沃尔玛宣称的"天天平价"商品，促

---

① 贺宛男，佟琳，唐俊. 财经专业报道概论 [M]. 上海：复旦大学出版社，2006：4.

销彩页却已经在附近的居民区内流传。记者"货比三家"后发现，沃尔玛的商品价格虽然"平易近人"，但完全称不上是"价格杀手"。面对沃尔玛开业，卖场周边居民平静面对，而周边大卖场则以"适时"特价促销来争夺顾客。

部分商品比其他卖场贵

昨天下午，记者来到沃尔玛南浦大桥店进行开张前的最后探营，只见卖场内的沃尔玛员工或调试机器，或布置货架，在做着开业前的最后准备工作。不过，却有几名员工牢牢"把守"住了卖场的出入口，不着沃尔玛工作服、不佩戴工牌的一律不得入内。当记者表明来意时，包括该店经理和工作人员在内都委婉地表示希望"把惊喜留给明天"，自上而下的"微笑拒绝"都极力为卖场内正在张贴的商品价格保留一份神秘。

不过，记者还是意外地从卖场外一位试图提前"领行情"的居民手中拿到了一份商品促销宣传彩页。这份彩页是昨天发放到这位居民家中的，其中列举了几十种食品、服饰、生活用品、家用电器等商品的价格，并配有图片，"天天平价"的标志紧靠在每一个价格旁。

随后记者拿着这份彩页来到东方路上的世纪联华福山店，把沃尔玛的商品价格与该卖场内同类商品进行比较，发现差别微乎其微。如进口橙、水蜜桃的每千克价格差别仅以分计算，而某品牌干红、某品牌6听装啤酒、大黄鱼的售价，沃尔玛还贵了3角至1元不等。此外，沃尔玛在某品牌沐浴露、某品牌21英寸彩电的售价上稍显优势，但价格竞争力同样有限。相比之下，其自有品牌的服装更有竞争力，如圆领T恤等商品售价相对低廉，消费者可以在价格和品质间充分衡量后作决定。看来，沃尔玛的价格虽然足够"平易近人"，但称不上是"价格杀手"。

……

（新闻晨报，2005-07-25）

沃尔玛开业在即　三大悬念待破

7月28日正式开业的沃尔玛，至开业前的第四天仍保持着少有的低调。这无疑给上海其他大卖场及准备从沃尔玛身上寻求商业机会的投资者留下了更多的期待和疑问。

首家店将有哪些营销新招式

"天天低价"是沃尔玛在价格上的口号，它在全球每家店的开业，均不会离开低价这个策略。在上海首店开业之时，沃尔玛也采取低价策略，不会出人意料。不过，沃尔玛是否会移植在国内其他城市一些门店的开业招式，很难说，比如沃尔玛在其南京的卖场里设置电影播放区。

沃尔玛方面透露，在实施低价策略时，还会先推出"3米微笑牌"服务，即购物者购物时如果在3米内没看到沃尔玛员工亲切的微笑，可以摘取该员工胸前的微笑牌，而微笑牌内装有现金，购物者可以拿走这笔现金。

除此，沃尔玛方面称，大卖场不仅会卖乙类处方和非处方药品，而且还要卖数万元一颗的钻石。

"5公里死亡圈"现象会否出现

在美国本土，沃尔玛每开一个店，总会形成一个"5公里死亡圈"。对此，上海不少商业方面的研究者均表示，沃尔玛的开业也会出现"5公里死亡圈"。上海市流通经济研究所常务副所长汪亮就是支持"5公里死亡圈"说法的专家之一。汪亮认为，上海目前的商业状况，已与美国等发达国家无多大差别，一个大型卖场开业后所导致的商业格局变化，与国外也已没什么两样。

联华超市股份公司在离沃尔玛浦东南浦大桥店不远处开有世纪联华店，该公司董事长特别助理华国平则表示，世纪联华已就"沃尔玛5公里死亡圈"做过专门研究，由于目前中国的自用车数量、高速公路等各种配套设施都较落后，一个大卖场发挥较大作用的范围是 1 到 3 公里。

沃尔玛店会带来什么商机

尽管汪亮接受采访时表示沃尔玛开业会出现"5 公里死亡圈"，但是他也指出，沃尔玛开业后，在它周围会出现新商机——主要是围绕卖场出现的一些相关配套商业业态，如咖啡馆、快餐店等，进而形成一个商圈。据了解，在上海，在一个新开大卖场周围出现新商圈的已有不少。

事实上，在未开业的沃尔玛店周围，商机已出现。《每日经济新闻》向周边一些房产中介了解商铺情况时发现，沃尔玛附近已很难租到店铺。在离沃尔玛 300 米左右的临沂北路与浦建路交叉口处，《每日经济新闻》发现，一个房产中介与一个机电产品经营店已被他人租下，目前正在加紧装修之中。

这虽然也与沃尔玛所在区域商铺较少有关，但是另一重要原因是大家看好沃尔玛店所带来的商机，沃尔玛周边的商铺租金也因此被抬高。

业内人士同时还指出，一个大卖场的开业，特别是像沃尔玛这样有影响力的大卖场开业，甚至可以促使卖场附近住宅区升值，因为目前购物便利是住宅卖得上好价钱的条件之一。

（郑俊杰，每日经济新闻，2005-07-25）

上海大卖场数量已是规划 2 倍
大卖场听证制度不具强制性，外资品牌扩张迅速

近日，上海市经委零售业管理处透露，最近一次统计显示，截至今年上半年，上海市已开出大卖场 123 家。而上海市商业"十五"规划

预计 2005 年上海大卖场的总数为 60 家。

据统计，目前上海是全国拥有大卖场最多的城市之一，包括家乐福、易初莲花、欧尚、大润发、乐购、华联吉买盛、世纪联华等品牌，截至去年年底，上海共有 97 家 5000 平方米以上的大卖场。

目前上海大卖场的增长数量已远远超出政府部门预期。上海市商业"十五"规划预计到 2005 年上海的大卖场是 60 家，2010 年也不过100 家。

......

（郑俊杰，每日经济新闻，2005-07-25）

人民币升值有限冲击沃尔玛
非敏感商品可能提价

全球最大的零售连锁业巨头沃尔玛（NYSE：WMT）每开新店都会引来关注。2005 年 7 月 26 日，寸土寸金的浦东新区临沂北路路口，将于两天后正式营业的沃尔玛上海第一店首先向媒体揭开神秘面纱。

专业笑容挂在脸上，员工们沉浸在沃尔玛在华第 48 家新店开张的兴奋之中，5 天前的一则消息距离他们的生活太遥远，这则消息却结实地打击了远在美国阿肯色州的沃尔玛总部。

7 月 21 日晚间，中国央行宣布人民币升值 2%。随后，地球另一端的美国股市开盘交易，沃尔玛、麦当劳（NYSE：MCD）纷纷下跌，沃尔玛盘中创下 49.16 美元的两周来新低，收于 49.39 美元，跌 1.2%。

市场的担心不无道理。近年来，沃尔玛在中国的采购额以每年 30亿美元的速度增长，去年从中国采购了 180 亿美元的物品，相当于美国自中国进口总额的 10%。人民币升值无疑将抬高沃尔玛的采购成本。

2%：有限度的影响

"这并不出人意外，我们的供货部门已经对此做好了准备。"沃尔玛发言人贝斯·凯克如此表示。

它早已做好避险准备了吗？沃尔玛在 70 个国家拥有供应链，足以分散升值可能造成的采购风险。比如，中国近邻印度以其强大的制造基地和便宜的人力成本吸引了其眼光。Bain and Co. 6 月份发布的一份报告说，印度生产服装的成本比中国低 1%。

2004 年，沃尔玛从印度采购了超过 10 亿美元的包括家用纺织品、服装、精美珠宝和家用器皿等物品。今年以来，这一采购金额劲增 30%，至 15 亿美元。

孟买 Brics Securities 的研究副主管 Nirav Sheth 预计，未来 3 年，印度的工厂将为沃尔玛生产多达 50 亿美元的产品。

然而，这依旧不抵它对中国的眷恋。它已经在中国 22 个城市开设了 48 家门店，包括沃尔玛购物广场、山姆会员店、沃尔玛社区店三种业态。它的目标是：下半年再开 7 家门店，打通华东市场，明年再开 35 家店，将总数提至 90 家。

以往，沃尔玛在华的采购多通过美国的贸易商转手中国港台公司再进入内地（大陆）。由于在沃尔玛和中国供应商之间横亘了诸多中间商，采购成本高。为此 2002 年 2 月，沃尔玛将其全球采购中心由美国搬至深圳，随后又在上海建立全球采购分部，力求尽可能加大在中国直接采购的份额。沃尔玛早先表示，未来 5 年内，计划将在中国的采购金额扩大到每年 250 亿至 300 亿美元。

全美零售商联合会副主席艾里克·奥特乐观表示：因人民币升值而导致中国制造货物任何成本的提高有可能只是有名无实的，而且未必夸张到阻止零售商在中国采购商品。

多位分析人士接受本刊采访时一致认为，人民币升值2%将会对沃尔玛产生产生"有限度的影响"。

"沃尔玛的供应链理念较为成熟，"中国连锁经营协会秘书长裴亮分析，"他们希望与供应商维持一种长期稳定的合作关系，以降低风险。沃尔玛不会因为升值轻易破坏这种关系，而倾向于通过谈判取得各方利益的平衡。"

一旦沃尔玛的采购成本提高，必然会反映在商品售价上，"天天平价"何以为继？

一位资深人士解释，所谓低价策略，其实只是把那些关系到百姓生计的"敏感"商品标出低价。采购成本的提高部分完全可以"无声无息"地转嫁到"非敏感"商品的价格上。

供应商困局

沃尔玛在北美的成功，很大程度上源于其统一配送和统一价格的物流体系。但是中国市场零散的连锁店布局和不超过50家的规模令沃尔玛难以发挥规模效益。

沃尔玛连锁店在中国并不赚钱，有分析认为，沃尔玛在华加速开店，目的就在于接触更多的中国供应商，当这些供应商成为沃尔玛全球采购的重点目标时，他们将为沃尔玛带来难以估量的成本优势，而这肯定能够远远弥补在中国开店亏损的代价。

中国的"袜业大王"浪莎集团海外销售的15%是通过沃尔玛实现的，尽管他们在抱怨由沃尔玛采购获得的利润低于国内市场的平均利润，但是浪莎内部依然迫切希望能在未来几年间将通过沃尔玛的销售比重提升至50%左右。"国内市场已经饱和了，进入沃尔玛是帮助你打开全球通路的重要方式。"浪莎集团外贸部负责人曹国胜说。

沃尔玛的中国功夫

2004 年底，中国零售业市场全面向外资开放，沃尔玛开始改变一贯的稳扎稳打模式，寻求新突破。

没有商业地产必然受制于人，随着商业地产开始成熟，沃尔玛不断加强与地产商的合作以解决选址难的问题。2005 年 1 月，中信泰富购入母公司北京中信集团所持华东沃尔玛百货有限公司（与沃尔玛合资，其中沃尔玛持股 65%）35% 的股权，正式成为沃尔玛的合作伙伴。

同时，在沃尔玛牵线之下，深圳国际信托投资有限公司（下简称"深国投"）和新加坡嘉德置地集团正式联姻，双方计划把开发的购物中心与商场项目打包后成立商业地产基金，到国外上市套现。

自进入中国以来，深国投是沃尔玛的长期伙伴，并成立沃尔玛深国投百货有限公司，其中沃尔玛持股 65%，深国投持股 35%。多年来深国投一直负责沃尔玛在国内的拓展开发工作，在中国所开的 40 多家店中，90% 以上是由深国投与沃尔玛的合资公司开设。其实早在 2003 年，深国投便成立了深国投商用置业有限公司，专事为沃尔玛寻找卖场及相应的商业地产开发，以配合沃尔玛的不断扩张战略，理顺信托与商业地产的职能分工等问题。

分析人士认为，沃尔玛是否进军中国房地产还未可知，但因为它本身就是商业地产的使用者，这能够进一步压缩成本，符合其"天天平价"的营销理念。

（汪涵，证券市场周刊，2005-08-08）

【评析】

以沃尔玛上海首店开业的报道为例，《新闻晨报》《每日经济新闻》和《证券市场周刊》的策划报道的角度有很大不同，体现出消费、产经、财经的不同写法。

2005 年 7 月 28 日，沃尔玛上海首家门店正式开业，作为全球最大的零售商，上海首店的开业自然引起了上海乃至全国各大传媒的关注，开业前后，媒体刮起了一股沃尔玛旋风。作为大卖场，沃尔玛与老百姓关系密切，有关消费市场的报道受众面最广。记者到沃尔玛走一圈，甚至搭乘一下沃尔玛的免费班车，就可以写出一些独特的见闻和感受。如以市民为主要受众的《新闻晨报》，在开业当天就把主题定在消费者最关心的"价格"上，在"周边卖场'适时'特价搞促销"的大标题下，写了"天天平价"的沃尔玛部分商品比其他卖场贵，详细地罗列了一大串单子；写了沃尔玛登陆引起普遍关注，众多"卖场间谍"的神秘举动，以及沃尔玛工作人员如何"纷纷投来警惕的目光"；写了周边卖场如何大搞促销，以及附近居民平静面对；等等。这是一篇最常见的消费报道，以老百姓为主要受众，主要分析沃尔玛开业对老百姓生活的影响，非常符合这家报纸的定位。

《每日经济新闻》的报道角度和内容就与《新闻晨报》不一样。该报以"沃尔玛开业在即　三大悬念待破"为题，主要篇幅是"三大悬念"：一是首店将有哪些营销新招式（包括独特的 3 米微笑牌服务，即购物者 3 米内没有见到员工亲切的微笑，可以摘取该员工挂在身上的微笑牌，还可取走装在微笑牌内的现金）；二是"5 公里死亡圈"现象会否出现（在美国本土，沃尔玛每开一家门店，5 公里半径内的卖场将难以生存）；三是沃尔玛会带来什么商机（包括周围的配套商业业态、地价、房价等）。报道从营销管理、对产业与相关行业的影响等方面进行分析。此外还以"上海大卖场数量已是规划两倍"做了一篇背景资料，提到 2010 年上海规划的大卖场不过 100 家，而截至 2005 年上半年，已开出的大卖场已达 123 家，分析了商业零售行业的发展态势。这篇报道以经营者和管理者为主要受众，侧重分析沃尔玛开业对行业发展的影响，产经报道的特色因此跃然纸上。①

　　在沃尔玛开业一周后，《证券市场周刊》以"人民币升值有限冲击沃尔玛"为题，展示了以投资者为核心受众的财经报道的新视角。这篇新闻以沃尔玛开业为切入点，笔锋转而分析人民币升值对沃尔玛的影响与冲击。通过采访专业人士，剖析沃尔玛降低成本的策略，如分散采购、加大直接采购比例、转嫁"非敏感商品"提价、对上游厂商压价、投资中国商业地产等，详细地分析了人民币升值对沃尔玛影响有限，沃尔玛的未来增长潜力很大。作者指出沃尔玛在北美的成功，主要得力于其统一配送和统一价格的物流体系，但是中国市场零星的连锁店布局和不超过 50 家的门店规模令其难以发挥规模效益；因此，尽管沃尔玛连锁店在中国并不赚钱，但还是要加速开店，目的在于接触更多的供应商；而对中国供应商来说，尽管沃尔玛把价格压得太低使他们时有怨言，但却可以促使后者生产效率的提高，并相应获得更多的话语权。与沃尔玛合作的还有商业地产商，这才是沃尔玛的真功夫。新闻分析以投资者为核心受众，剖析沃尔玛的投资价值，体现财经报道的特色。

三、经济新闻报道策划的特点

（一）具备敏锐的经济视角

　　经济新闻采写必须要有敏锐的经济视角。当面对各种新闻事件时，只有敏感地认识到该事件的经济意义，才能从经济角度来确定新闻选题。有没有经济视角常常是经济新闻找选题的关键因素。

　　经济视角是指记者应从经济角度去看待新近发生的事件，即用经济学者的眼光去看待新近发生的事件。许多事件常常可以从多种不同的角

---

① 贺宛男. 财经报道概论［M］. 上海：复旦大学出版社，2009：5.

度去看待它。对同一个新近发生的事件，视角不同，其采写的新闻也就会成为不同类型的新闻。如果记者有较强的经济意识，就能够在面临选题时，完全从经济视角去进行采写，而不是从一般时事新闻和社会新闻角度去采写，这样才能写出有深度的经济新闻。①

经济关系是人类社会生活的主要关系，经济生活是人类社会生活的主要内容。全社会每一个人，都时刻处在由经济关系编织而成的巨大网络中。我们每一个人，随时都在关注着经济发展的进程和变化，因为它和我们息息相关，也和我们的生活、家庭、收入、消费息息相关。我们的生活中不可能没有经济新闻。因此从某种意义上说，所有新闻都是经济新闻。中国是以经济建设为中心，经济话语往往占据着首要位置，从某种角度来说，所有事件都可以从经济角度去分析。世界越来越一体化的大趋势，各种事物之间存在的密切而无形的联系，见证着人们所说的"蝴蝶效应"；见证着经济就是一个系统化的整体，由变动着的一系列相关联的进程、状态和指标构成。

如 2008 年刘翔退出北京奥运会决赛是一个体育话题，但因为刘翔签下众多的广告代言，他的退赛对于他代言的企业会带来什么影响呢？因此，我们也可以从经济角度去分析。以下是一些媒体的报道选题：

> 刘翔退赛：个人损失超 1 亿 赞助商损失超过 30 亿；刘翔退赛让广告赞助商少赚 30 亿；刘翔退赛影响显现 商业价值下降让广告商犯难；刘翔因伤退赛 耐克火速换新版刘翔广告；广告商万没料到刘翔退赛；刘翔退赛四大广告主最受伤。

---

① 方琦. 经济新闻实务 [M]. 成都：西南财经大学出版社，2009：38.

李娜进澳网决赛，并获得亚军，这是体育新闻，可《现代快报》报道，李娜当日进澳网决赛关键战，就吸引了3亿人的关注。凭借本届澳网的出色表现，李娜已成为"堪比姚明和刘翔"的超级体育巨星，商业价值飙升；章子怡身陷"捐款门"应该是娱乐新闻，但有报道说她个人收入有1亿打了水漂，她代言的产品人家不愿意买；两会是典型的政治新闻，为什么股市行情在这期间有那么大的波动，为什么那么多人关心两会，研究两会？其实人们关心的是它给经济带来的影响，是人们对经济的直接或间接体验，因此政治新闻在某种程度上就是经济新闻；高速公路大塞车是交通新闻或者社会新闻，有人却引出"塞车经济"——塞车时间越长，车主、顾客在当地消费就越多；天气变化是气象新闻，可它对经济的影响很大，防寒抗寒的商品热销，有的地方连扫雪的铁铲都卖光了，不少人当宅女宅男，拉高了蔬菜的价格；湖南干旱，水库缺水，水力发电大大减少带来电荒，湖南拼命保电，加大煤炭生产力度，到全国各地去调煤；少林寺的新闻属于宗教新闻或社会新闻，但据报道少林寺在海外直接办了40多家公司。

从上述例子中可以看到，不论是大到国际环境、国家政策的新闻，还是小到身边琐事、体育娱乐八卦甚至风吹草动的传闻，有哪一条不与经济关联，又有哪一条不是经济新闻呢？只是经济价值的大小不同罢了，没有特别的性质区别。

（二）开展专题调查和专题策划

经济新闻采写与社会新闻采写有很大的不同。社会新闻采写更多地把关注点放在现场上，主要报道现场发生的动态，在采写中更多地运用现场采访、现场调研等方法，较少运用系统的专题调查方法。经济新闻采写则主要运用专题调查、专题策划等方法，较少把关注点放在现场情况上，主要报道事件背后的新闻或新闻背后的新闻。①

1. 什么是专题调查和专题策划

专题调查是指新闻工作者围绕某一专业领域的专项问题进行的调查活动，包括资料数据的查询、收集、整理，拟定采访计划，开展专题调研等活动。专题策划是指新闻工作者围绕某一专业领域的专项问题进行精心策划，协调配合完成专题报道或系列报道活动。

专题调查与现场新闻采写具有很大的不同。现场新闻采写所关注的对象往往是突发事件，在到达现场之前没有时间准备或根本不需要准备，只须把关注的重点放在弄清现场发生的情况，客观真实地报道现场情况，较少关注背景资料、数据等的收集。

专题调查在采写之前必须预先做好周密的准备，包括精心选择题材，确保选题的新闻价值；把主要精力放在背景资料、数据收集工作上，为专题采访和现场调查打下扎实基础。在做好充分准备的前提下，开展专题调查需要围绕预先拟订的采访计划对相关专家和采访对象进行专题访问，同时开展现场调查，掌握更深入的材料和获得更丰富的写作素材。其目的是为了对有关选题做更深入的了解以做出深度报道，因此记者把重点放在事件背后的新闻上，较少关注事件本身。

2. 专题调查的基本方法

专题调查主要运用背景及资料的收集、经济数据查询、借脑和现场调查四种方法。专题调查最重要的作用是为写出有深度的专题经济报道打下扎实的基础。通过专题调查，记者不仅能够在短时间内对一个过去完全陌生的专业领域有较深的认识，而且能够迅速收集到大量具有较高运用价值的写作材料，为自己写出有深度的专题经济报道打下扎实的

---

① 方琦. 经济新闻实务 [M]. 成都：西南财经大学出版社，2009：47.

基础。①

一是背景及相关资料的收集。在确定选题后，经济新闻记者应高度重视背景情况和相关资料的收集。信息技术的发展，可以让我们非常方便地利用网络技术，查询和收集与选题相关的背景情况和相关资料。

二是经济数据查询。在确定选题之后，经济新闻记者应高度重视对经济数据的查询收集以及查证，包括随时快速查询和收集相关权威经济数据，快速查证相关数据的真伪，并找出更权威的数据加以说明。媒体需要充分地利用网络数据，除采集公开的基础数据，如世界银行的公开数据库、各类上市公司的财务报表以及国家和政府相关部门公示的统计数据外，还应建设自己的数据分析和研究中心，挖掘大数据背后的价值，形成"人无我有，人有我优"的模式。

三是借脑。经济新闻记者不可能对新选题有很深的认识，尤其在初次深入某一专门领域之时。很多经济新闻记者报道的经济新闻缺乏思想深度和学术深度，原因就是自己对该选题的认识没有达到一定的高度和深度。此时就要善于借脑，即通过对某一专门领域的权威专家进行专题采访或通过收集查询专业学术论文来获得思想深度和学术深度。

四是现场调查。现场调查是一种经典的、传统的、有效的新闻采访方法。通过现场采访、开座谈会、暗访等手段，掌握更多感性材料，获得更多的事实材料作为支撑。

【经典案例 6-2】

坐拥全国气源近两成 天然气大省四川尴尬缺气

"如果到 9 月底都不能提供天然气的话，我们可能只有另作打算

---

① 方琦. 经济新闻实务 [M]. 成都：西南财经大学出版社，2009：48.

了。"站在冷清的工厂里，达州汇鑫能源有限公司总裁助理张慎矜狠狠地抽了一口烟，发出如上感叹时，他的双眼里分明泛出一些淡淡的血丝。

作为清洁能源的投资商，汇鑫能源的决策者们最初将项目投资在普光天然气田所在地的达州，想的是能够借资源地的便利，源源不断地生产出天然气的综合利用产品，提供环保的清洁能源。但是到现在，由于没有天然气，企业每天烧钱多达 10 万元而无任何赢利，正面临关闭的危险。

汇鑫能源不仅是天然气工业用气企业的一个缩影，更是天然气资源大省四川的一个尴尬现状的代表。值得关注的是，对于约占全国天然气资源总量的19%的四川来说，在各地项目投资热潮涌现的背景下，各地也正在上演一个缺气困境的连锁危机。

一个企业的找气样本　投资数亿的项目竣工了只能停产等气

8 月 11 日的达州，达州汇鑫能源有限公司，大门紧闭，整个公司里，鲜见有工作人员在忙碌，停车坪，十多辆 LNG 槽车整齐地停放，毫无整装待发的迹象。

"我们已经等待了三个月了，可能还得继续等待。"在公司办公室，副总经理王庆华毫无隐讳，他表示，等待甚至有点遥遥无期。

汇鑫一期20 万吨项目，投资 4.2 亿元，是达州市引进的天然气综合利用项目，生产出的产品主要用于汽车、工业、军工、发电、民用清洁能源等项目。汇鑫能源在 2005 年开始瞄准拥有普光气田的川东北的达州市。普光气田是迄今为止国内规模最大、丰度最高的特大型整装海相气田，如果便捷地获得天然气资源，项目投资的盈利不可小视。

　　……

160

尴尬的天然气资源大省 大量用气项目上马急剧撑大用气缺口

根据达州市发改委的数据，2009年，达州市的天然气需求为23.61亿立方米，按照2008年用气总量的测算，缺口达15亿立方米。更严峻的是，到2010年，当地将有8个用气企业竣工，预计新增用气40.13亿立方米；2011年，7个用气企业竣工，新增用气43.96亿立方米。

有"中国气都"美誉的达州市，拥有世界闻名的普光气田，是迄今为止我国规模最大、丰度最高的特大型气田，到2008年探明储量达到近6000亿立方米，今后年产能可达120亿立方米净化气。但是，这样的数据的背后，却正在越来越频繁地凸现出天然气资源大省的尴尬现状。

……

企业缺气的连锁反应 供不了货众多下游产业跟着停产

企业项目的推进，天然气成为了最为紧缺的资源。而在缺气的困境背后，一系列的经济困惑逐渐浮现。

乐山市高新区管委会一不愿意透露姓名的人士表示，乐电天威目前每天需要12万方天然气，现在几乎一点都没有，仅仅只有一点调试用气。新光硅业每天6万方的需求，目前仅仅只有3万方。该人士表示，他们管委会从去年打报告到现在都没有解决，企业焦急，政府也焦急。

乐山市高新区管委会人士表示，天然气项目的难以解决，不仅仅影响到企业的生产进度，更重要的是影响到其他更多的后续投资的信心。

汇鑫能源总裁助理张慎矜也称，他们的企业目前已经得到了国内有名的安徽投资公司的战略介入，已经与政府签订了二期合作意向，计划投资达30亿元，如果迟迟解决不了天然气，他真担心安徽投资撤退。本报记者涂劲军摄影报道

企业停产政府领导赴京公关

企业的困境一直以来得到了政府的重视，前期项目热涌现之后，现在各级政府也正在总动员，积极为企业解决生产要素难的问题。

记者从四川省经委获悉，上周星期五，四川省省领导就率领省经委相关部门负责人紧急奔赴北京，其重要任务就是解决天然气的缺口现状。而在 8 月 11 日上午，达州市的市长、副市长也飞赴北京，与省政府工作人员会合，期待国家部委能够着眼四川的实际困境。

......

解决之道　寻找替代品建设高附加值项目

在兼顾全国更多省市利益的背景下，四川需要取得更多天然气并不是一件容易的事情。位于成都青白江的四川化工控股（集团）有限责任公司，全年天然气需求量在 26 亿方左右，为了解决缺气问题，该公司目前在泸州纳溪化工园区建设煤气化中心，希望能够寻找替代产品。

寻找替代品被认为是一项解决天然气紧缺问题的重要办法，但四川大学化工学院专家陈先生认为，从化学原理来说，不少原料都可以作为天然气的替代品，但是按照目前的经济利益等各方面综合来看，其他原料的使用并不经济，不可能大规模使用。

四川省社科院助理研究员刘渝阳认为，用气，关键是资源地要拉长产业链，开发建设高附加值的项目，摈弃传统的"卖气"做法，建设天然气能源化工基地，打造煤、电、冶、化、建产业链条。

（涂劲军，华西都市报，2009-08-14）

【评析】

《坐拥全国气源近两成　天然气大省四川尴尬缺气》这篇经济调查，就是运用专题调查这一方法的典型。记者确定选题之后，紧紧围绕四川天然气用气状况这一专业领域进行专项调查活动，通过收集背景资料、经济数据查询、借脑、专题采访以及现场调查等多种方法，挖掘到大量颇有深度的材料，深刻地揭示了四川作为一个天然气资源大省，却面临工业用气极度短缺这一尴尬问题。这篇经济调查的选题重大，材料丰富，揭示问题深刻，有许多值得借鉴的经验。当然，该文也存在一些不足与问题，比如借脑方面存在匿名采访的情况，缺乏对权威专家的采访，报道的可读性方面还有不足。

（三）强化平民化的报道取向

从事经济新闻采访写作，记者必须既有较强的新闻业务能力，同时又具备对财经领域的各专业问题进行深入浅出解读的能力。

1. 什么是平民化

平民化就是大众化，也就是要把专业性较强的经济新闻写得能让普通大众读懂。无论是都市媒体的经济新闻还是专业财经媒体的经济新闻，都应当走平民化道路。近年来，新闻报道逐渐呈现平民化、人性化、故事化等特征，尤其是基于平民化视角的新闻报道逐渐成为新闻报道的一种发展趋势，平民化是各种类型新闻的共同追求。平民化视角的新闻报道遵循以人为本、贴近生活、贴近群众、贴近实际等基本原则，强调关注普通百姓的生活，选取贴近普通百姓的题材和内容，以普通百姓喜闻乐见的形式，去展现普通百姓的人性之美。

2. 经济新闻如何做到平民化

经济新闻相对其他新闻来说，题材更专业，与普通受众有一定距离，容易带来枯燥乏味之感，因此，经济新闻的平民化是贴近受众的必由之路。我们可以从以下几方面来实现经济新闻报道的平民化。

（1）视角下移

所谓视角下移即从百姓视角来透视经济事件，看待经济现象、经济动态和经济事件。经济现象、经济动态和经济事件与普通百姓的日常生活是密切相关的，不应当把它纯学术化、纯信息化。如果国家出台了某项经济政策，要想一想普通百姓对这项政策会怎么看；如果发生了一个经济事件，要想一想与普通百姓的生活有什么关联；如果公布了一个经济数据，要想一想对百姓的柴米油盐价格意味着什么。这就是百姓视角，这就是普通百姓关注的经济新闻。如银行提高了存贷款利率，记者应该想到这项新政策会对市民生活带来什么影响，如存款会增加多少利息，房贷会增加多少、是否应该提早还贷，哪些商品可能会涨价，等等。① 这种平民视角可以拉近媒体报道与受众的距离。

【经典案例 6-3】

央行降存准率释放 4000 亿资金　年内或再降 3—4 次

央行日前宣布，将于 2 月 24 日起，下调存款类金融机构人民币存款准备金率 0.5 个百分点。据 1 月底人民币存款余额 80.13 万亿元估算，这一调整将释放资金 4000 亿元左右。在资本流入趋势性减少、新增贷款严格控制在 8 万亿元的大背景下，要保证今年 M2 增长 14%，央行仍需调降存准率 3 至 4 次。这样才能使银行业整体的超额准备金率回升，从而充裕银行间市场的资金，使得债市融资等非贷款类的融资工具得以保持增长。如果资本流入情况恶化，M2 持续下行，调降存准率的频率可能更高。

［目的］ 政策微调 缓解资金紧张 缓解小微企业融资难

［影响］ 首套房贷利率或稍有宽松 2 月或现大规模贷款

---

① 方琦. 经济新闻实务［M］. 成都：西南财经大学出版社，2009：52.

［楼市］潘石屹任志强叫好 可缓解开发商资金压力

（经济参考报，2012-02-20）

【评析】

针对央行降存准率这一新政策，该报道从影响房贷利率、缓解小微企业融资、缓解开发商资金压力等角度对政策进行解读，体现了经济新闻平民化的特色。

（2）选题内容尽量贴近普通百姓的生活

经济新闻在确定报道选题时，不仅应该多选择普通百姓关注的选题，还应选与普通百姓的生活息息相关的选题。也就是说把报道主题与百姓生活结合起来，给百姓以服务性指导，如媒体在元旦、春节期间，推出"逛市场"系列报道，对糖果、水产、鞭炮等年货市场进行调查，传递年货价格、供应等动态信息，同时增加"市民支招儿""专家提醒"等服务性信息，为节日生活提供了全方位信息服务。

经济新闻还应注意拓宽人文视角，抓住经济领域中百姓关心的热点、难点、焦点问题，使经济报道更具亲和力和吸引力。站在普通百姓角度，将百姓关注的问题和欲知的事情，变成经济报道话题，解惑释疑。经济报道从中自然体现出人文关怀，关注到人的生存状况、社会价值取向等问题，更加深入、全面、有灵魂。

2003年6月1日，是南海伏季休渔开始的第一天，粤港两地的电视台都进行了报道，采写的角度完全不同。香港某电视台选取的角度是：记者来到渔家采访，渔民告诉记者，伏季休渔一休要2个月，收入减少，生活没有着落，他们决定向政府部门提出解决贴息贷款问题。广东某电视台记者则来到渔政部门，有关人员说，伏季休渔是国家的法令，任何人不得违反禁令，作为行政主管部门，他们将进一步加大巡查力度，严厉打击非法偷捕者。同一题材两位记者选择了不同的角度，前者用平民角度去报道伏季休渔给他们带来了什么，贴近群众，贴近生活，体现人文关怀；后者单纯站在政府角度，对民情漠不关心，很容易引起群众反感，也很难起到上情下达的作用。因此，从普通百姓的角度入手，更能使经济政策深入人心。

经济新闻应当反映和传递普通百姓的日常生活和与之相关的诸多信息，反映民众生态。所谓民众生态具体来说主要是生活、生存、生计、生命这四"生"。生活：关注人的基本生活，以满足普通老百姓的衣食住行为前提，同时涵盖他们的教育、文化休闲、娱乐、旅游等精神需要。生存：包括改善生存的权益以及提高生活品质的种种诉求。生计：不仅指个人的谋生手段，更重要的是它还与国家宏观经济政策、经济法规、经济发展、收入分配、生存空间这些因素相关联。生命：不仅仅是生命的长度，更关注它的品质、本性、尊严与情感。①

【经典案例6-4】

小排量车购置税降至5% 减税从20日起至年底

本月20日起，购买1.6升及以下的小排量汽车可减免5%的车辆购置税。这是昨日获国务院原则通过的"汽车产业调整振兴规划"的内容之一。

国务院常务会议同时审议并原则通过的还有"钢铁产业调整振兴规划"。规划对两产业分别提出五项振兴措施。

汽车规划　减税政策将实施至年底

① 方琦. 经济新闻实务［M］. 成都：西南财经大学出版社，2009：53.

汽车规划提出的目标是，"未来 3 年内汽车产销量增幅每年达到 12%"。

为培育市场，稳定和扩大汽车消费需求，规划提出，从今年 1 月 20 日至 12 月 31 日，对 1.6 升及以下排量乘用车按减免 5% 征收车辆购置税。目前，车辆的购置税是 10%。

"这是政府在限制汽车消费多年后，第一次用税收鼓励汽车消费。"国家信息中心资源开发部主任徐长明昨日（14 日）接受采访时说。

…………

■ 算账

10 万元车省 4273 元

按照目前规定，车辆购置税的税率均为 10%。由于目前车价都包含了增值税，所以在计征车辆购置税时，必须先将 17% 的增值税剔除。

所以，车辆购置税 = 发票价 ÷ 1.17，然后再按 10% 税率计征车辆购置税。

以购买一辆 10 万元的小排量国产车为例，计算公式是 100 000 ÷ 1.17×0.1=8547 元。

按照最新优惠政策来算，消费者可获得 4273 元的免税。

■ 释疑

新政持续多久？

"补贴措施或只有一年"

背景：据中国汽车工业协会本周统计，去年国内汽车销售 938.05 万辆，同比增长遇 10 年来新低，不足 7%。

昨日（14 日），多位专家认为，从公布的内容来看，规划只是一个阶段性的措施。"是在经济困难时期，政府用税收进行反哺的一个举措。"中国汽车工业经济技术信息研究所所长李京生认为，在为期一年的"救市"之后，补贴政策可能会停止。

汽车营销传播专家张志勇认为，规划的后续配套措施将更具操作性，也更重要。"跟欧美不同，中国主要是救市场而非救企业。"张志勇表示，中国和美国的困境不同，中国不缺购买力，缺的是消费动力的恢复。

■ 声音

【消费者】 减税就好

姜先生去年就筹划买一辆10万元左右的车。得知新政后他表示，"（税款）有减就好。一开始以为是按不同的排量分等级收购置税，既然现在减少程度都一样，当然买排量大一些的"。

【生产商】 发布时间较合理

菲亚特汽车中国相关负责人认为，减少购置税的做法对小排量车销售很有帮助，同时有利于节能减排。奇瑞汽车总经理助理金弋波认为，新政发布时间比较合理，对今年销售提升很有帮助。

【经销商】 没有预想力度大

北京诚信达汽车销售有限公司总经理王长谦表示，购置税减半的幅度并没有预想大，而且"只有1.6L排量以下购置税减半，这个分法简单了点，不如具体分几个等级"。"购置税在车价当中只是一小部分，我个人认为销量浮动不会太大。"

（张奕 魏学珍，新京报，2009-01-15）

【评析】

该报道不仅从生产商和经销商的角度来报道，更注重从消费者角度来解读和报道政策，比如为老百姓算账、消费者购买10万元的小车可以节省4273元、减税实行期限有多久、反映消费者的评价意见等。

经济新闻不能仅从管理者、生产者和经营者的角度捕捉信息，提出问题，而应当变生产视角为消费视角，更多从消费者角度和立场来捕捉信息，提出问题。这样才能使我们的经济新闻更加贴近普通百姓。经济收入、日常生活和消费是普通百姓生活中的最重要内容，应当是报道的重点。从消费视角做新闻，是大众化媒体最喜欢的视角。从消费者角度写经济、写商品、写行情，从消费者受益的角度写成就，多一些生活特色，多一些服务内容，有利于人们接受和认同。经济新闻关系到千家万户的生活，牵动着人民群众的利益。只有始终从平民化的角度，突出经济新闻的生活性、大众性和人文色彩，才能把经济新闻写得更加出彩。

【经典案例 6-5】

58 种蔬菜价格出现上涨 食用油价格上涨明显

昨天，国家发改委发布了 10 月份城市食品零售价格监测情况，监测数据显示，今年 10 月，我国 36 个大中城市的鸡肉、牛肉、羊肉、食用油、黄瓜、西红柿、油菜等多种商品价格上涨。记者从本市（北京市）新发地、水屯等市场了解到，与去年同期相比，58 种蔬菜价格出现上涨，其中 5 种蔬菜价格涨了两倍多，分别是香菜、菜花、雪里蕻、莴笋、菠菜。

……

■涨价原因

米价　主产区米价上涨致市场波动

玉泉路市场信息部负责人刘敬亮分析，大米价格出现反弹，主要是因为主产区稻谷价格上涨以及运输费用增加。北京市场的大米主要来自辽宁和黑龙江，今年以来辽宁地区大米价格大幅上涨，导致北京大米市场出现波动。随着天气转凉，大米市场的销售量也将逐步放大，大米价格还会在高位徘徊。

蔬菜价格　降温及运输成本增加致涨价

新发地市场分析人员表示，按往年规律，冬储菜全面上市后，蔬菜价格就应有所回落，但是今年十一过后，蔬菜价格却一直居高不下。分析人士表示，由于北京的蔬菜供应地由河北、天津及北京周边地区转移到山东、内蒙古等地，距离远了，汽、柴油价格上涨，增加了蔬菜的运输成本，导致蔬菜价格上涨。同时，近期产地遭遇降温天气，导致蔬菜生长缓慢，供应不上，也是价格上涨的原因。目前，市场有蔬菜储备库，一旦发现供应吃紧等问题，有上千吨储备菜可投放市场，目前不存在供应不上的问题。

食用油价格　国际走势带动大豆价格走高

刘敬亮分析，国际上大宗农产品期货市场走势强劲，带动进口大豆价格走高。我国大豆70%以上依赖国际市场，进口转基因大豆生产加工销售环节几乎全被几家国际巨头垄断，因此我们国家只能跟着随行就市。如果国际市场价格大幅度上涨，国内大豆需求相应会比较强劲，也会带来价格上涨。此外，今年大豆种植面积减少和原料上涨也是价格上涨的主要原因。

（文静 周宇，京华时报，2010-11-04）

【评析】

2010年11月3日，国家发改委发布10月份城市食品零售价格监测情况。4日，《京华时报》第1版就推出该报道。由于蔬菜、食用油等商品与市民的日常生活息息相关，这些话题自然会引起广大市民的密切关注。首先，报道引用国家发改委的权威监测数据后说明：

"今年10月我国36个大中城市的鸡肉、牛肉、羊肉、食用油、黄瓜、西红柿、油菜等多种商品价格上涨。"接着，该报记者对北京市新发地等市场进行实地调查与采访，进一步证实了"58种蔬菜价格出现上涨"的事实。此外，该报道还请市场人员分析涨价原因，然后以小标题的形式，将导致涨价的原因逐一列出。这篇报道不是简单地报道国家发改委发布的信息，而是对该信息进行了本土化处理，即对北京市场的食品市场进行调查，与发改委公布的全国价格信息进行对比，并分析北京市场价格上涨的原因，语言通俗易懂，选题贴近百姓生活，因此受到市民普遍关注。

(3) 通俗表达

《华尔街日报》一位资深报人有一句名言："不把银行的故事说给银行家听，而是说给银行的客户听。"该报的一位总编辑也说过，二流的经济记者能把事情向专家说清楚，一流的经济记者则能把同样的事情向一个小学生讲明白。写老百姓看不懂的经济新闻，内容再好也无人读。经济新闻要做到通俗易懂，就要避免在文章中使用太多的术语和陈词滥调以及公告式文体。记者写稿，编辑改稿、选稿的过程中应该尽量使用通俗易懂的语言，消除普通百姓的阅读障碍。

在经济新闻写作中，记者最重要的是应当拥有这样一种素质，即能寻找到一种通俗的、适合普通百姓读者口味的方式把经济讯息表达出来。在这个过程中，记者不是"经济学家"，也不是"知情人士"，而是一个"解码器"。他应当把那些深奥和专业的财经信息与普通老百姓的生活密切联系起来，变成让他们"看得见，摸得着"的东西。在新闻实践中我们常常也能够见到这样一些案例，有的记者非常善于从普通读者的角度来思考问题，随时注意用通俗解读的方式来写作经济新闻，其报道因而能被大多数读者所接受。

艾丰曾提出这样的见解：一个人困了，躺在床上，看我们的经济报道，还愿意看，还能看得明白，经济报道就可以算是写好了。经济新闻能让人愿意看，关键要吸引人。经济报道应创新表现手法，运用表达技巧，把静态的事件描写得生动活泼，塑造鲜明的个性特色。经济活动中事件静止物态和呆板的数字罗列缺乏自身的能动价值，决定了经济新闻在题材选择上的局限性。要使这种新闻因素产生动感，主要是借用修辞等表现手法，调动使用语言的技巧，寓动于静，使静态的事件描写呼之欲出。如全国好新闻获奖标题《征地建房为啥等煞人，一道公文背着三十九颗印章旅行》，形象生动地揭示了经济活动中官僚主义、推诿扯皮、办事效率低下的社会弊端。

很多媒体创新经济报道方法，大力推行新闻故事化，更多融入人的因素，以人的行为体现经济活动，把经济新闻制作得可视、可信、很有新意。故事化就是采用对话、描写和场景设置等，细致入微地展现新闻事件中的情节和细节，突出隐含的能够让人产生兴奋、富有戏剧性的故事。以故事为载体去报道经济新闻，讲述在发展经济过程中的曲折动人故事，从中揭示经济的规律性、政策性、趋向性，展示经济现象中个体如何发生、发展的全过程，报道形式新颖，也容易打动人。央视经济频道的《生财有道》《致富经》栏目推出的报道，有的是讲述人物创业历程，有的是记述事件演变过程，看似说人讲事，突出的是人物和事件，而实际上报道的却是经济规律层面的内容，人物事件感人至深，经济活动印象深刻。①

---

①　王秀华. 浅议经济新闻如何让受众喜闻乐见 [J]. 现代视听, 2016（8）.

【经典案例6-6】

春耕了 种粮大户掐算生态账

春落田园，正是农家备耕忙。记者昨日来到岳阳重点产粮区君山采桑湖了解备耕情况。烟墩村村民罗志炎计划种植2000亩早稻，但他没有购买化肥和农药，这让记者觉得有些蹊跷。

罗志炎说，他今年种植生态优质稻，不使用化肥、高度农药，而是请专家测土施有机肥，杀虫则用高效低度药物和"诱蛾"等方式。由政府牵线的农技人员已与他签订服务协议。

罗志炎搞粮食加工和销售已有多年，他给记者掐算了一笔账：施用化肥、强度农药的稻谷与生态稻相比，产量一亩要高出20%，但成本也要高出20%左右，而生态稻的价格却要高出三成以上，如果加工成大米，则效益要翻倍，如他注册的一大米品牌每公斤达到9元，主要供应高端客户，且供不应求。今年他要种植的2000亩生态优质稻，如果不出现天灾等意外，将为他带来近200万元的纯利。罗志炎掐着手指细算账，两眼笑成了一条缝。

陪同记者采访的采桑湖镇镇长朱运行插话说，转变耕种方式，除了算经济账，还要算生态账，它对于改善土壤、保护环境、从源头保证食品安全都很有意义，今年采桑湖镇农民加盟生态稻种植计划面积已达2万多亩。

据了解，近年来市委提出要把君山打造成洞庭湖畔璀璨的"生态明珠"，君山区政府着力引导、扶持、指导区内发展生态产业，包括农业也按生态、安全、高效方向发展，目前该区农林牧都基本形成生态板块，通过土地流转、大户集中、政府引导、市场和科技支撑，已有三分之一左右的耕地面积实现生态种植。

　　君山区委书记赵岳平对记者说，罗志炎的"生态账"，说明政府和市场引导起了作用，并开始有所作为，群众的环保意识里也蕴含着市场意识，群众自觉的环保行为乃是君山生态建设的强大动力，我们对"转变发展方式"充满信心。

　　【编后】　罗志炎的"生态账"折射出"生态岳阳"建设的广泛性和号召力，它说明"生态岳阳"建设开始深入人心，已经由政府意志逐渐变成百姓的自觉行为，这种自觉是一种强大的基础力量。当前正是春耕备耕时节，希望各地干部群众从罗志炎的"生态账"中受到启迪，盘活有限的土地，实现经济生态双丰收。

（岳阳晚报，2011-03-09）

　　【评析】

　　这篇文章的文字朴实无华，把转变耕种方式、土壤改变、环境保护、食品安全等一系列大问题，通过一个农民的算账表述得清清楚楚。复杂的经济现象通俗化，正是这篇文章的魅力所在。

　　经济新闻报道的经典结构是"华尔街日报体"，又称钻石体，其结构为两头小，中间大。这种文体以某一独特具体的事例，如人物故事、场景、细节的描述开头，经过过渡段落，进入对新闻主体事实即一般的总体的面上的事实或事理的叙说，然后再回到开头的具体事例或新的具体事例的叙写，有时也以总结、悬念的方式收结。显然，这种以点→面→点的结构方式构造新闻是以具体说抽象，以个别写一般，以故事的形态展示经济的内涵，因而能够吸引读者的眼球。在结构上，"故事"可以按以下 3 个步骤展开：开头人性化，即与新闻主题有关的人物故事梗概；过渡入主题，即从人物与新闻主题的交叉点切入，将新闻推到读者眼前；展开分层次，即集中而有层次地阐述新闻主题。

以讲故事的形式来报道经济新闻，虽然能吸引受众的眼球，但不能忘记经济新闻报道的本质，即传递新的有价值的经济信息。因此，应该注意在故事中蕴含经济学、管理学的理论观点，具体的故事要与宏观的面上的总体的经济形势有机衔接，既要注意可读性，更要注重有用性和服务性。

第七章

会议报道的策划

一、会议及会议报道概述

（一）会议的作用

所谓会议，是指人们怀着各自相同或不同的目的，围绕一个共同的主题，进行信息交流或聚会、商讨的活动。一次会议的利益主体主要有主办者、承办者和与会者，其主要内容是与会者之间进行思想或信息的交流。尽管信息时代有了现代化的通信手段，会议仍然以其能够直接沟通、组织协调、撞击灵感火花的功效，发挥着不可替代的作用。

无论是什么样的会议，都有两个共性。首先，会议具有互动性。也可以说，会议是一种"集体思考"的形式，它的结果也就意味着集体共识、集体行动。其次，会议具有影响力。根据会议的规模以及参会的人员，会议的影响力可能只限于参会的人，但也可能会影响到会议以外的人群。一些会议举办者花费大量的财力、物力、人力办一次会议，也会希望增加会议的影响力，他们往往以扩大会议规模，提高参会人的规格、会议水平或者丰富会议的目标等方式来吸引注意。①

---

① 李希光，孙静惟，王晶. 新闻采访写作教程 [M]. 北京：清华大学出版社，2011：504.

从新闻报道的角度来说，会议是新闻的发源地，是非常宝贵的、值得开发的资源库。人民日报社原总编辑、清华大学新闻与传播学院原院长范敬宜曾说过，会议是十分丰富的新闻源，会议上精神最集中，议论最集中，信息最集中，如果记者留心捕捉，细心研究，几乎每个会议都可写出好作品来。① 记者参加会议，报道会议，扮演的角色是"代开会者"。记者去报道的会议，通常是受众想要了解或需要了解的、但受众无法亲自去参加的会议。这时就需要记者代表受众去开会并把会议的重要内容以受众喜闻乐见的形式转述给他们。

记者采访报道需要四处寻找新闻线索，汇聚各方面的信息、观点和情况。而会议则是围绕着某个主题或议题，把相关人士聚集到一起，开展面对面交流。此时各种人物会聚，各种情况汇聚，各种信息密集，时常有不同观点的直接交锋，各种意见得到充分表达，做出的决定往往关系到事物的发展和问题的解决。因此，参加并报道会议可以丰富报道内容，全面完整地向受众提供可靠信息和权威观点，而且获得平时难以获得的情况和线索。因此，对于媒体来说，会议是消息的汇集地，是新闻的"富矿"。

（二）会议报道现状

会议及会议报道的重要性显而易见，然而会议及会议报道过多过滥，其弊端也显而易见。各种动员会、表彰会、评比检查会以及形形色色的各类大小会议构成日常工作的一个重要组成部分，各级党委、人大、政府、政协，各个系统、部门，各种行业组织和协会，各种企事业单位都要开会，如果都要报道，则会成为媒体的一大负担。

长期以来，我国的会议报道数量多，还形成了一套程式化、模板化

---

① 范敬宜. 总编辑手记［M］. 北京：人民日报出版社，1997：108.

的固定模式。不管大会小会，衡量重要程度的标准就是出席会议的领导职务的高低。以官职高低衡量会议重要程度的潜规则，制约和影响着媒体对会议的价值判断。在会议报道内容方面领导同志的讲话往往成为重点，会议越重要，领导同志讲话的内容摘抄得越多。

2003年，中宣部制定了《关于进一步改进会议和领导同志活动新闻报道的实施办法》，要求新闻单位坚持正确的舆论导向，大力宣传党的理论、路线、方针、政策，多报道对工作有指导意义、群众关心的内容，力求准确、鲜明、生动，努力使新闻报道贴近实际、贴近群众、贴近生活，更好地为人民服务，为社会主义服务，为党和国家工作大局服务。2012年12月，党的十八届中央政治局召开会议，审议并通过了中央政治局关于改进工作作风，密切联系群众的八项规定，明确规定精简会议活动，切实改进会风；要改进新闻报道，中央政治局同志出席会议和活动应根据工作需要、新闻价值、社交效果决定是否报道，进一步压缩报道数量、字数、时长等。

近年来，报道观念已经有所改变，人们已经认识到，只有按新闻传播规律办事，切实从受众需要和社会需要出发，保持新闻传播的独特视角，新闻才能从会议报道的尴尬处境中解脱出来，才能更好地传播党的方针政策，更好地服务于大众。特别是在新闻竞争日趋激烈的今天，各家媒体千方百计创新会议报道，在对会议精神的传递方面，新华社、人民日报、中央电视台等主流媒体对会议的组合报道、解释性报道、延伸报道和背景报道突破了以前的就会议报道会议的老模式。但是，除了对党代会、人代会、政协会等重要会议报道，各家媒体下大功夫外，对大量的一般性会议，媒体的报道与受众的期望还有一段距离，形成了受众讨厌会议新闻的误区。媒体对会议新闻资源的开发利用还不充分，报道上投入力量不够，程式化倾向时有出现，有些稿件的适用性、启迪性、可读性满足不了受众的高要求。

二、会议报道策划的创新

同题竞争拼的就是策划。会议是新闻的富矿，也是媒体报道的聚焦点。如何从富矿中挖出金子，实现同中求异，甚至创造出影响力大的独家新闻，关键在于策划。高明的策划者善于通过创造性的策划活动，充分挖掘其中蕴含的新闻价值，实现会议报道的创新。

（一）跳出会议议程，抢抓鲜活内容

当记者埋头于会议时，往往会有"山穷水尽疑无路"的感觉，此时跳出会议，往往又产生"柳暗花明又一村"的效果。要做到这一点，记者需要有一双敏锐的善于发现的眼睛，能从会议中找到"新闻点"。

1. 从现场挖掘富有人情味、人性化的情节和细节

做新闻就是解决"故事在哪里"这个核心问题，千方百计找故事是记者的核心任务。无论新闻事件的大小，无论新闻事件是严肃沉重的内容或是轻松活泼的话题，记者通过回答"故事在哪里"的调查思考和采访写作的过程，本身就是一种高超的智力活动过程。会议内容本身往往是静态的，甚至是枯燥的，缺乏突发事件那种内在的张力和戏剧性，要想把"不好看"的会议报道写得好看，有吸引力，就要讲故事。故事的元素就是情节、细节，因此，挖掘富有人情味、人性化的情节和细节，可以减少概念化和模式化的报道，增加会议报道的个性。

【经典案例 7-1】

50 万元奖给"杂交水稻之父"
湖南为袁隆平庆功

昨日下午，湖南省政府在湖南农科院召开袁隆平院士荣获"世界粮食奖"庆功会。省领导周伯华、戚和平、庞道沐、阳宝华和袁隆平以及广大科技人员代表参加了庆功会。

会上，省政府对袁隆平获"世界粮食奖"给予了 50 万元配套奖励。袁隆平将"世界粮食奖"奖金 12.5 万美元捐赠给了袁隆平农业科技奖励基金会。袁隆平表示，荣誉不只是个人的，更是我国农业科技界乃至国家的光荣，是在党和政府的关心与支持下、在农业科技人员的共同努力下取得的。

省委副书记、省长周伯华对袁隆平院士获"世界粮食奖"表示热烈祝贺。他特别提到了袁隆平培养的 13 名博士研究生，为造就一批农业科技湘军作出了贡献。周伯华说，全省农业、工业、科技等各条战线，都要重点选拔一批思想、作风、知识都过硬的科研人才队伍。同时，他号召全省广大科技工作者以袁隆平为榜样，学习他"不畏艰辛，执着追求，大胆创新，勇攀高峰"的精神，为科技进步作出新的贡献。

世界粮食奖设立于 1986 年，由总部设在美国爱荷华州德梅因市的世界粮食奖基金会每年颁发一次，授予"为人类提供营养丰富、数量充足的粮食作出突出贡献的个人"，被看作是国际上在农业方面的最高荣誉，同时也是国际公认的在粮食可持续与安全供应领域最重要的奖项。迄今为止，该奖共有 23 位得主，我国前农业部部长何康曾于 1993 年获此殊荣，袁隆平院士获得的"世界粮食奖"是他获得的第 11 个国际大奖。本年度另一位获奖者是非洲水稻专家蒙蒂·琼斯博士，两人共同获得 25 万美元奖金。

（红网，2004-11-10）

袁院士，请您坐中间
省府庆祝袁隆平获"世界粮食奖"
周伯华省长亲自为功臣换座

"让我们请袁隆平院士坐中间。"今天下午，省政府隆重召开袁隆平院士获世界粮食奖庆功大会，周伯华省长走上主席台时发现袁院士的座位未在中间，马上亲自动手把写有"袁隆平"三字的座位牌放到主席台正中，并恭请袁院士入座。看到这一幕开场插曲，会场上响起热烈掌声。

周伯华省长在庆功会上发表了热情洋溢的讲话，他祝贺袁隆平院士获得"世界粮食奖"，祝贺由其主持的超级杂交稻课题组提前一年实现了超级稻中稻研究第二期目标（即育成大面积亩产 800 公斤的水稻品种）。

周伯华强调说，为了选拔培养一批像袁隆平一样的世界一流专家院士，湖南的科技工作在资金使用上将突出重点项目、突出重点人才。

会上，省政府对袁隆平院士奖励 50 万元。袁隆平院士在致辞中说，自己仍有老骥伏枥的雄心壮志，争取在 2010 年完成超级杂交稻大面积亩产 900 公斤的第三期攻关目标。

今天，袁隆平还正式将"世界粮食奖"的 12.5 万美元奖金悉数捐献给了袁隆平农业科技奖励基金会。

（李贵洪 王静，三湘都市报，2004-11-09）

【评析】

作为一名记者，在采访和写作前必须考虑什么呢？首先，你要发现事实；其次，要弄清楚读者对这件事是否感兴趣。接下来，你要问自己：用怎样的讲述形式将最能吸引他们，需要选取和舍弃哪些事实。

作为一个受众最想要了解的是什么？他最想要了解的东西是会议程序、领导的讲话，还是省长给专家让座这一细节？会议的主角是谁？省长给专家让座这一细节是我们平时很少见到的，有新鲜感。让座这一细节又于细微处见精神，充分反映了尊重知识、尊重人才的报道主题，这也与会议的主题——为院士庆功相得益彰，表现了湖南重视人才、重视创新的良好环境。因此，从报道内容来看，第一篇报道是按旧式会议报道的写法，第二篇报道是一种故事性写法，能敏锐地抓住反映主题的会议细节，并将之凸显出来，生动有力地诠释了主题。

《袁院士，请您坐中间》属于跳出会议程式来报道会议的典范，作者善于抓住会议现场能够凸显主题的细节，并将之放大，围绕这一情节和细节来展开报道，写得既好看，能吸引受众，又生动有力地反映了会议的主题。

扬子晚报记者应邀参加一个全省银行行长联席会议，会议开到中午12时20分才散会，正当记者为没有什么写头而发愁时，看见工作人员拎来一大堆盒饭，与会的副省长、银行行长接过去津津有味地吃起来。他立即眼睛一亮，写出了《省长行长吃盒饭》的消息：

签起贷款来动辄数千万甚至上亿元的省级银行行长们，昨天在开联席会议时的工作午餐是简单的盒饭，与他们共进午餐的还有副省长、省政府副秘书长等。

这样的会议新闻读起来，确实有一股清风扑面的感觉。如果记者应邀参加的只是一般性的工作例会，既不重大也没有什么内容可写，这样的会议报道如何出彩？这时，记者不妨从侧面去挖掘会议组织工作、后勤服务、现场氛围中能折射时代文明进步、体现科学发展观的好做法、新风尚。①

现场挖掘的细节既可以是反映先进执政理念的新做法、折射时代文明进步的好风尚，也可以是具有警示警醒意义的反常现象。因此，做好会议报道须要记者跳出程序化的内容，学会用活生生的事实和材料，写生动活泼的文章。领导干部讲话做报告，特别要关注那些即兴的话。没有按稿子讲的话，往往是鲜活的、有重要新闻价值的内容。对新鲜热辣的东西不敏感，不敢报，不善报，怎么可能吸引受众？

另外，改变概述型或直叙式导语的写法是一种出路。由于单刀直入地交代新闻事件核心内容，完全靠新闻事实自身的力量去吸引受众，因此概述型导语更适用于那些事实本身有足够力量、足够吸引人的新闻事件。正因新闻事件本身足够重大，对受众有强烈吸引力，使得文字的修饰、技巧的运用变得多余，不仅不能增色，反而会削弱事实本身的力量，所以这些概述型导语在朴实平淡的形式下更能直指人心。

然而大多数的会议尤其是一些政府部门日常工作会议，往往并不具备这样的力量，既非突发性新闻，也不重大，甚至通常不是受众感兴趣、急切地想要了解的信息，或者即使与受众关系密切，其深层意义也往往不易为读者直接感知。因此，在对这样一些会议的报道中，采用概述型导语便难以取得好的报道效果，常常须要采取描述性导语，从一个场景、细节入手，增强报道的吸引力。可以说，写好导语，突出每次会议的个性、特点至关重要。

---

① 赵振宇. 新闻报道策划［M］. 武汉：武汉大学出版社，2015：157.

2. 从会议中挖掘有新闻价值的内容或线索

从会议中挖掘有新闻价值的内容或线索，必须摈除静态思维，采用动态思维。记者的静态思维表现在以下几点。一是唯上思维。报道会议只是简单地反映领导言行，领导怎么说就怎么报道。二是孤立思维、封闭思维。把眼光盯着主席台，思维停留在会议文件和领导讲话上，绝不涉足会场半步。三是平面思维。只看到会议表面的热闹，只看到会议的程序，不能从立体、多侧面研究分析会议信息。而采用动态思维，摒弃"唯上"思维的定式，确立联系、开放和发展思维，透过会议表象，分析深层次、背后的问题，将会议表面现象与实质问题联系起来，抓取会议信息所蕴含的意义，才能挖掘具有报道价值的信息来报道。

荣获第十届"中国新闻奖"二等奖的《簰洲湾溃口"淹"出 7000 人》就是记者运用动态思维，从会议中捕捉到的一条"鲜活鱼"。在湖北省九届人大二次会议上，记者选择一个几乎被"淹没"在会议中的题材——簰洲湾因溃口暴露出的统计人口"注水"，此后立即三下簰洲湾深入采访，接着又到省计生委、公安局、统计局核实簰洲湾"注水"人口准确数字，然后又上北京采访国家统计局政策法规司司长，最后用典型的虚报数字的事实，从一个侧面揭示出"数字腐败"的根源。在采写这篇会议新闻时，记者没有一味地遵循领导说什么就报什么，而是根据"有些干部报假数字、虚数字，搞浮夸"这一具有新闻价值的新闻事实，运用联系、开放和发展的思维，把会议中领导的一句批评语展开来，通过深入采访，获取深层次、背后的问题，挖掘出了"数字腐败"这个根源所在。正是这个会议表象后的本质问题，使得报道对推动统计制度的改革和今后防止"数字腐败"，起到了重要的舆论作用。[1]

---

[1] 言靖. 论"中国新闻奖"会议新闻的创新思维 [J]. 新闻界，2010 (3).

采写鲜活的会议新闻，虽说要少盯会议材料袋，多捕捉会议过程中的亮点，但又不可忽视会议材料。因为材料有与会议主题相关的各种新思路、新做法，甚至会有一些非常感人的事迹，这些都是新闻线索。这就要求记者迅速找到并翻阅会议所发的各种材料，从中找出一些有新闻价值的内容，围绕会议主题确定一个角度进行采写。

杭州西湖区召开"最清洁城区"动员大会，发了一大堆材料，大大小小有 14 项专项整治内容，粗看后都市快报记者想放弃，怕写了也没人看。后来静下心仔细研究，发现可以在整治乱停车上挖一挖。西湖区是杭州的中心城区，不少家庭都有汽车，这条新闻应该有人关心。于是记者联系采访了城管执法局，写了 500 字的《西湖区圈定六处区域在那里占道停车被贴罚单概率增大》，第二天登在头版头条。

很多地方政府开会提出为民办实事，把所有实事罗列出来，信息量大但不好看。都市快报在报道全市加强和改进未成年人思想道德建设会议时，挑选为未成年人办十件实事这个新闻点，十件实事又着重写了一件：杭州萧山要建一个少儿公园，力争在国庆节开放，里面将设自闭症儿童海豚伴游中心。为什么要设伴游中心？专家介绍，海豚能发出 2000 赫至 10 万赫的多种波长高频超声波，对人的中枢神经有激活作用。海豚贴近患者头部发出叫声时，它发出的超声波对脑瘫、唐氏综合征和先天性孤独症等患者的神经，能产生极强烈的冲击和刺激，进而激活患者处于"休眠"状态的神经细胞。如此一来，扁平的信息马上"站"起来，还给受众提供了新知识。①

西方对会议报道的研究和实践运作，已形成规律性的共识，即会议新闻就是抓最具有新闻价值的信息加以报道，不计较会议程式和会议的

---

① 徐芳. 会议新闻也有温度［J］. 中国记者，2008（7）.

规模问题，不去刻意隆重地报道所谓重大的会议新闻，这一点值得我们学习。

（二）加强对会议的解读，提升会议报道的深度

改进会议报道，不能把"改进"简单地理解为少报或不报，应当在报道的方式和手段上进行深层次的改进，而"解读"则是改进会议报道的一种重要手段，也是会议报道策划创新的出发点之一。

解读包括观点解读、政策解读和数字解读。对观点的解读不仅是进行名词解释，还要运用事实，特别是发生在受众身边的典型案例，从正反两方面详细说明。对政策的解读，要从各个角度、不同侧面说明政策制定的缘由、具体内容及实施中须要解决的问题。对数字的解读，则往往要阐释数字的意义，并运用对比、图表等方法让数字活起来，动起来。

要做到深度解读，就须要吃透会议精神，事前策划好该宣传什么，抓什么问题，通过对会前搜索到的相关信息进行筛选整合，注重挖掘会议的现实意义，增加信息量，才能把新闻"做大"，将会议新闻"做深"。湖南日报 2001 年 12 月 26 日的《洞庭湖长大五分之一》在第 12 届"中国新闻奖"中获得消息一等奖，缘于它是一篇精心准备、精心策划的好新闻。当湖南日报记者从湖南省水利工作会议上获悉，洞庭湖经过三年的综合治理，蓄水面积扩大 554 平方公里的信息后，报社组成采访组深入到现场进行采访，带着"洞庭湖蓄水面积扩大后是什么样子？它是如何变化的？湖区人民有什么反应"等问题，前后 3 次下洞庭，跑了湖区 10 多个县市，对这一数字进行解读和拓展。为探寻"扩大"后的情景，他们到退田还湖的垸子去实地考察，清晨和傍晚去观察鸟类的活动；为了解 30 万移民的生活情景，跑了 7 个移民新镇，召开座谈会，到农家访问，记录下移民的生活情况；还多次上门向有关单

位的领导和专家请教，并查阅有关历史资料和背景材料。精心准备和策划，并对材料进行系统全面梳理，才成就这篇会议新闻精品。

解读要考虑用户体验，减轻用户的负担。2015 年全国两会报道，以门户网站为例，对体量庞大的政府工作报告，大都选择了"精编+原文"的模式，通过"关键词"提示、数字说话、图片为证等多种形式，缓解用户阅读报告长文的枯燥感。比如腾讯的"关键词"专题，精炼浅析，适合"速度"；新浪的"数读"专题，专注数字说话，直观鲜明；搜狐的"图解"专题，主攻原创，图文并茂。

由此看来，如何分析和解读会议新闻，帮助受众更好地感知和接纳会议新闻中的重要信息，是新闻报道者所面临的问题。事实上，会议新闻解读的空间是相当广阔的，报道者应当通过体现自身创造性的劳动来增加会议新闻的吸引力和感染力。

（三）讲求形式创新，增强传播效果

现代传播以互动性为特点。以前的会议报道中，党报习惯实行单向传播、受众被动接受的传播策略。新华日报近年来的会议报道则力争体现双向交流，体现互动性，包括前方后方互动、会内会外互动、报网互动。

前方后方互动。以前重大会议报道绝对以前方为主，后方只作象征性的配合，新华日报的十七大报道完全改变了前方记者单线作战的模式，实行前后方的有机互动，效果很好。

场内外互动。会场内外的互动，是反映十七大影响、贯彻十七大精神的重要方式。十七大虽然是一次非常重要的严肃的会议，但正因为它要确定的是全国未来五年的发展蓝图，关系到千家万户的切身利益，是全党全国人民关注的大事。实现党代会与广大读者的互动，通过《新华日报》这个平台，把党代会的精神及时传播到受众中去，同时把老百姓的心声、愿望带到党代会上，突破就会议报会议、对会场外反映不闻不问的老的报道模式。

报网互动。报网互动在十七大报道中有了新的发展。特刊设置了"视频连线""代表博客""网上心声"等专栏，创新多种稿件形式，为党报创新报道作出了有益的探索。十七大期间，新华报业网每天把会场外群众的心声摘编出来，通过"网上心声"在《新华日报》上发表，使会议突破了会场内外的空间距离。

"网上心声"栏目每天摘登网民在新华报业网和其他网上对十七大的祝愿祈盼，"网上心声"专栏既是报网互动，又是会内外互动，拉近了十七大与普通百姓的距离，为百姓参政议政提供了一个很好的沟通平台。

在报道形式上，会议新闻能配漫画、图表、素描的，尽量以图代文。杭州人口形势分析会上，发布了全市人口相关数据。杭州快报决定以图表为主，只用200多字的消息简单说明会议主要内容，然后选择出生人数、女性初婚人数、出生婴儿性别比、已婚育龄妇女数四个数据制成表格，其中出生婴儿、女性、已婚妇女，用手绘漫画表现。图表下方链接了四个"延伸解读"：从以上数据推算，杭州今年全年出生人数在5.6万人左右，男婴与女婴性别比正常，近几年内还将出现生育小高峰。标题也采用口语化的方式《杭州今年上半年生了25 107个孩子嫁了20 393个姑娘》。经过层层处理，原来枯燥的会议新闻变得鲜活起来了，可读性也增强了。

参考文献

一、书籍

[1] 赵振宇. 新闻报道策划 [M]. 武汉：武汉大学出版社，2015.

[2] 蔡雯，等. 新闻编辑学 [M]. 北京：中国人民大学出版社，2014.

[3] 杨秀国. 新闻报道策划 [M]. 北京：人民出版社，2012.

[4] 赵振宇. 新闻传播策划导论 [M]. 武汉：华中科技大学出版社，2003.

[5] 蔡雯. 新闻报道策划与新闻资源开发 [M]. 北京：中国人民大学出版社，2004.

[6] 方琦. 经济新闻实务 [M]. 成都：西南财经大学出版社，2009.

[7] 贺宛男，等. 财经报道概论 [M]. 上海：复旦大学出版社，2009.

[8] 谭云明，郑坚. 新闻编辑学 [M]. 武汉：华中科技大学出版社，2016.

[9] 谭云明. 新闻编辑 [M]. 北京：中国传媒大学出版社，2008.

［10］庞亮. 新闻报道策划［M］. 北京：中国广播电视出版社，2009.

［11］陈寅. 非常新闻策划大道［M］. 深圳：海天出版社，2004.

［12］杨兴锋. 南方报业采编经典案例（第一辑）［M］. 广州：南方日报出版社，2011.

［13］朱国圣. 突发事件网络舆情应对策略［M］. 北京：新华出版社，2015.

［14］吴晨光. 超越门户：搜狐新媒体操作手册［M］. 北京：中国人民大学出版社，2015.

［15］吴晨光. 自媒体之道［M］. 北京：中国人民大学出版社，2018.

［16］王灿发. 报刊编辑［M］. 北京：中国人民大学出版社，2013.

［17］唐晓峰. 文化地理学释义——大学讲课录［M］. 北京：学苑出版社，2012.

［18］新京报. 北京地理·王谢门庭［M］. 北京：当代中国出版社，2005.

［19］丁柏铨. 新闻知识500问［M］. 长沙：湖南大学出版，2000.

［20］李希光，孙静惟，王晶. 新闻采访写作教程［M］. 北京：清华大学出版社，2011.

［21］范敬宜. 总编辑手记［M］. 北京：人民日报出版社，1997.

［22］杨昱. 突发新闻采访攻略［M］. 南方传媒研究：第14辑. 广州：南方日报出版社，2008.

二、论文

［1］董天策. 媒介事件如何取得轰动性传播效应——从"大堡礁

招聘"说起 [J]. 国际新闻界, 2009 (12).

[2] 董天策. "媒介事件"的概念建构及其流变 [J]. 新闻与传播研究, 2017 (10).

[3] 周建平. 媒体如何运作"城市文化事件"——解读"羊城新八景"的策划与运营 [J]. 中国报业, 2013 (1) 下.

[4] 周也平. 体验式采访是一种富有魅力的采访 [J]. 新闻记者, 1998 (3).

[5] 鲍培伦. 新闻工作中的若干法律问题 [J]. 新闻记者, 1998 (11).

[6] 曹瑞林. 偷拍偷录是一定条件下的合法采访权 [J]. 中国记者, 1997 (9).

[7] 李晨钟. 隐性采访是舆论监督的必要手段 [J]. 中国记者, 1997 (11).

[8] 何国璋. 体验式采访是一种富有魅力的采访 [J]. 新闻记者, 1998 (3).

[9] 刘良龙. "建党90周年"报道的策划思路 [J]. 新闻知识, 2011 (10).

[10] 赵淑萍, 王海龙. 节庆报道的价值取向与创新路径——基于2018年CCTV春节特别节目的分析 [J]. 新闻与写作, 2018 (4).

[11] 匡文波. 让历史纪念日成为文化传承的新节点 [J]. 人民论坛, 2018 (3) 下.

[12] 蒋燕兴. 融媒体环境下的突发事件报道 [J]. 视听纵横, 2014 (6).

[13] 王秀华. 浅议经济新闻如何让受众喜闻乐见 [J]. 现代视听, 2016 (8).

[14] 杜佳汇. 借力微信公众平台，传统广播开启互动新方式——以《致我们正在消失的文化印记·方言篇》为例 [J]. 声屏世界，2016 (10).

[15] 邓庄. 探析地域文化专刊的地域书写 [J]. 新闻战线，2017 (9).

[16] 刘坚. 媒介文化生产与地域文化意义的构建 [J]. 吉林大学社会科学学报，2012 (5).

[17] 张继宇. 突发公共事件四个阶段中媒体作用的研究 [J]. 记者摇篮，2018 (12).

[18] 胡孝汉. 新闻信誉所系，政治责任使然 [J]. 中国记者，2000 (2).

[19] 周震. 让"老汤戏"新意迭出——管窥近年来《江南晚报》节庆报道思路的演进 [J]. 传媒观察，2016 (2).

[20] 贺晓航.《成都日报》国庆六十周年的报道策划 [J]. 新闻爱好者，2010 (2) 下.

[21] 金敏. 透过国庆报道看地方媒体节庆报道的"推陈出新" [J]. 声屏世界，2015 (2).

[22] 吴湘韩. 融媒时代重大突发事件报道的组织与策划——以中青报云南鲁甸地震全媒体报道为例 [J]. 中国记者，2014 (9).

[23] 刘斌. 实现人文关怀与受众引导的有机融合 [J]. 传媒观察，2003 (1).

[24] 徐芳. 会议新闻也有温度 [J]. 中国记者，2008 (7).

[25] 言靖. 论"中国新闻奖"会议新闻的创新思维 [J]. 新闻界，2010 (3).

[26] 王秀华. 浅议经济新闻如何让受众喜闻乐见 [J]. 现代视听，

2016 (8).

[27] 彭增军. 记者何为？[J]. 新闻记者, 2016 (10).

[28] 吴果中, 谢婷婷. 从公民新闻到众筹新闻: 新闻生产"专业化"和"参与式"两个维度的博弈 [J]. 湖南师范大学社会科学学报, 2016 (2).

[29] 蔡雯. 重视深度新闻报道的策划——新媒体时代大众传媒的新闻创新 [J]. 新闻爱好者, 2011 (9).

[30] 蔡雯, 邝西曦. 对话式传播与新闻工作者角色之变——由"僵尸肉"新闻真假之争谈起 [J]. 新闻记者, 2015 (9).